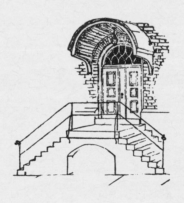

Imaginación, memoria, compromiso.
La obra de Rosa Regàs: un ámbito de voces

I Premio Victoria Urbano de Crítica
AILCFH

El Premio Victoria Urbano de Crítica se otorga anualmente en memoria de una de las fundadoras de la Asociación de Literatura y Cultura Femenina Hispánica. Siguiendo el espíritu de Victoria Urbano el premio se concede a la mejor monografía sobre tema femenino/feminista en el área de literatura y estudios culturales de Iberoamérica o US latino.

Enrique Ávila López

Imaginación, memoria, compromiso.
La obra de Rosa Regàs: un ámbito de voces

Serie: Victoria Urbano de Crítica

Editoras: Cynthia Tompkins y Carmen de Urioste
Asistente editorial: Adelaida L. Martínez
Asistente de redacción: María José Domínguez-Sullivan
Comité del Premio Victoria Urbano de Crítica: Lou Charnon-Deutsch, Cynthia Tompkins y Carmen de Urioste.

Printed in US-Impreso en EEUU

ISBN 978-0-9794480-0-3

ÍNDICE

Acknowledgements

This study has been made possible thanks to the participation, support, and assistance of many people and the facilities afforded by many institutions to which I am indebted.

Firstly, I would like to thank my supervisors, above all, Chris Perriam, Professor of contemporary Spanish Literature and Cinema at the University of Newcastle, for his help and the confidence he placed in me and my work from 1998 to 2004; Professor David Baguley, Chair of the School of Modern Languages when I arrived at Durham University in 1997, for his constant valuable advice, and Dr. Susan Frenk of the Spanish Department, whose advice never failed to prompt me to reflect. Also I wish to thank Dr. Vanessa Knights at the University of Newcastle for her encouragement. Three other universities have contributed to my personal and professional development: in Spain, the Department of Hispanic Studies of the Universidad de Granada, whose staff set the scene for my academic studies; in England, the Department of Hispanic Studies at the University of Liverpool for expanding my literary horizons beyond Spain to the Americas; in Canada, the Department of Languages and Cultures at Mount Royal College in Calgary, where I was appointed on October 2004. Furthermore I would be remiss in forgetting the constant stimulus provided by Dr. Rosie Crane at the University of Northumbria in Newcastle. She offered me the privilege of working with her collegial team in the Department of Continuing Education to develop a Spanish course online, which I did with great pleasure during my last two years in the U.K.

Without financial support few academic careers can survive and, in this context, I would like to express my sincere gratitude to the School of Modern European Languages of Durham University, which generously awarded me numerous grants to help my research at the Biblioteca Nacional de Madrid and the Biblioteca de Catalunya de Barcelona, where, at each establishment, I was warmly welcomed. I would also like to thank St. Cuthbert's Society, an old institution that has supported me not only financially but also socially, when each Friday I was invited to a lunch (of fish and chips) at High Table, and where the members of the Senior Common Room were always generous and kind. Besides I want to extend my gratitude to my new colleagues at Mount Royal College in Calgary for the support they have given me and, in particular, my friends Dr. Shirley King and Brian Traynor for their assistance on matters electronic.

My research would have hardly seen the light of day without the stimulating environment of my college in Durham, Trevelyan College. I remember with nostalgia the Principal, Professor Malcolm Todd, and his wife Molly, and the helpful personnel, as well as the visiting professors and the residents who contributed to the many intellectual discussions in the Senior Common Room. Among them, Dr. Sarah Fulford, and particularly its senior member, Professor David Baguley, from whom I have had support, guidance and exceptional friendship from the day I arrived in Durham, a relationship which has been invaluable.

I would, in particular, like to emphasise the tremendous assistance provided by the subject of this book, the writer Rosa Regàs. Writing about a living legend is daunting in itself but the opportunity to meet and talk with her was even more challenging. However, from the first day we met at the Universidad Internacional de Andalucía in Baeza she has shown me great kindness and I am indebted to her for allowing me to interview her on three unforgettable occasions, the last one at the Universidad Internacional Menéndez Pelayo. I would like to thank this institution for the concession of a "beca completa", which gave me the opportunity to gain a different perspective on the professional world of women in Spain. Céline Rodríguez, Rosa Regàs' secretary, deserves special thanks for her kindness and efficiency, attributes that stimulated my work. She also introduced me to Laura Franch, who works in the publishing house Planeta and kindly provided me with bibliographical information about Regàs. Also I am grateful to María Regidor at the Biblioteca Nacional in Madrid, who provided me with most valuable information.

It also gives me immense pleasure to have this opportunity to recognise the people beyond university circles who, in no less a way, have contributed to the betterment of this book: my parents, María Luisa and Enrique, whose emotional and financial support has been invaluable both in the development of this study and in my personal development. The cover of this book is based on some of my mother's paintings. I would like to thank my sisters, Marisa and Fabiola, who have had to put up with my academic idiosyncrasies and I would also like to thank Brother Cobos and Gabriel Ballesteros, two university friends, for their assistance. Furthermore, my appreciation and thanks go to my 'family' in Liverpool, Joan and Ken Marwing, who since I met them in 1994 have always welcomed me with open arms. Their continual support, friendship and love are priceless. They have been a family in every sense of the word. Furthermore, I want to extend my thanks to my girlfriend Lisa Bush for her exceptional understanding.

Finally, I want to express my gratitude to the Asociación Internacional de Literatura y Cultura Femenina Hispánica [International Association of Hispanic Women's Literature and Culture] and, in particular, to Professors Lou Charnon-Deutsch, Cynthia Tompkins and Carmen de Urioste, members of the selection committee of the Premio de monografía Victoria Urbano 2006, for their recommendations. In addition, I am grateful to Cynthia Tompkins, Carmen de Urioste, and Adelaida Martínez, President, editor and former editor respectively of the AILCFH, for their constant advice in the elaboration of this book.

To all the above I dedicate this work.

Prólogo

Cuando comencé a escribir, hace ya más de una década, estaba convencida que la experiencia que había adquirido tras más de veinte años de trabajo en la edición, me ayudaría no tanto en el mismo ejercicio de la escritura como en la utilización del criterio literario para juzgar mis propias obras. Pero no fue así, porque al querer aplicar a mis escritos aquellas valoraciones sobre el ritmo del lenguaje, la voz, la entidad de los personajes o la estructura de la narración que tan fácil me había resultado en obras ajenas, tenía la misma impresión que si hubiera querido calcular la capacidad de un recipiente con una medida de longitud.

Algo parecido me ocurre al pretender juzgar un estudio que tiene por objeto analizar mi propia obra. Leo el texto y lo que mi criterio me permite valorar esta vez es la estructura, el lenguaje, la forma de la exposición pero soy incapaz de decidir en qué medida el contenido del libro se corresponde o no con la realidad. De hecho, los escritores no conocemos nunca el valor de lo que hemos escrito sino únicamente la importancia de lo que no hemos escrito aún, es decir, sabemos cuán profunda es la diferencia que hay entre la novela o el cuento que acabamos de dar al editor y la que hubiéramos querido escribir, porque así estaba en nuestra imaginación rondando nuestra capacidad de fabulación. Para disminuir esta brecha es por lo que seguimos buscando, descubriendo, traduciendo nuestras ideas a palabras, en fin, escribiendo.

Dejando aparte estas consideraciones que de ningún modo pretenden justificar por qué no estoy hablando del libro que presento como lo haría un crítico, quiero decir que de todos modos para mí es un gran honor y una gran satisfacción que el profesor Enrique Ávila López haya dedicado su tiempo y su talento a analizar y tratar de comprender toda la serie de escritos que hoy por hoy constituyen mi obra. Y tengo que hacer verdaderos esfuerzos para mantener firme el intelecto y no dejarme llevar de esta satisfacción que, de darle demasiada importancia, acabaría tal vez convirtiéndose en vanidad. Nada tengo contra la vanidad ni me merece ningún tipo de descrédito moral, ya que supone una gran autocomplacencia y un delicioso halo de perfume para el propio yo, lo que para muchas personas supone una buena dosis de felicidad. Pero no soy partidaria de ella por razones sobre todo de orden práctico, ya que he observado que en la mayoría de los casos, sobre todo en artistas, la entrada de la vanidad marca el techo de la propia capacidad artística o no y nos da la medida de la genialidad del que la siente y la disfruta, lo que impide al sujeto, convencido de su inmensa valía, luchar para encontrar un camino nuevo, distinto, mejor de los que había abierto anteriormente.

Intentaré, pues, valorar lo que está a mi alcance en la exposición que Enrique Ávila López se propone no partiendo de mis conocimientos sobre mi propia escritura, sino precisamente de aquellos que este libro me ha descubierto y que amplían el conocimiento que hasta la fecha tenía de mí misma como escritora.

En primer lugar, el autor habla de la pluralidad como una de las características de mi obra, de la multiplicidad de perspectivas que adopto, de la polifonía de mis escritos que abarca los cantos de la imaginación y la fantasía, así como los del compromiso, inmersos todos, casi siempre en un lenguaje poético que se enraíza en la memoria. Un lenguaje que me retrotrae a mi propia vida, con tantas vocaciones y anhelos que me ha hecho caminar por tantos y tan diversos caminos. Un viaje, el de mi vida, que me ha permitido ver cada aspecto de la realidad desde otros vértices protegiéndome del dogmatismo, incluso del imaginativo. Tal vez sea cierto, pues, que por estas razones el argumento, los planteamientos y el final de mis novelas y cuentos sean siempre abiertos, incapaz como me siento a partir de visiones tan dispares y a veces tan contradictorias, de establecer cuál es la cara de la realidad que define al presente y cuál sería en consecuencia el camino del futuro para el que, de todos modos, carezco de imaginación. Y es posible también que el estilo poético que el autor señala no sea más que una consecuencia de esta incapacidad de encontrar la verdad a partir de la experiencia y que me haya refugiado en la poesía, con el convencimiento de que el conocimiento que nos ofrece está lejos de la contundencia del científico, pero no por ello carece de validez.

El papel de la memoria, lo admito, es la fuente más importante de inspiración de mi literatura, incluso la literatura de viajes, una forma de eternizar en lo posible unas impresiones de la conciencia y de los sentidos que no tienen que ver con la adquisición de nuevos conocimientos convencionales, sino con esa nueva dimensión que las criaturas de este mundo alcanzan cuando huyen de la rutina y de la costumbre y beben necesariamente de la imaginación, un proceso que se da en todos los viajes, los de la geografía, los de la fantasía, los del conocimiento, los de la conciencia. La memoria, claro está, pero también el olvido, otra fuente de inspiración que yace inmóvil y oculta en el interior de nosotros mismos y que sin embargo tanto participa en nuestra biografía. Es el artista quien lo rescata sin saberlo al olvido del agujero negro donde se ha refugiado, expulsado del reino de la memoria. La memoria, la fantasía, la impresión de origen desconocido que asoma sin haberla requerido, es cierto, son elementos que borran las fronteras entre la historia y la vida, tal vez porque en la vida de una persona igual que de una comunidad, cuenta tanto lo que se ha vivido como lo que se ha deseado, soñado o imaginado, siempre al alcance de la mano pero jamás convertido en vida real, la que sirve de base para construir la historia o, más aún, la biografía.

Así veo la vida de los humanos, así veo el devenir de los países, del mundo, de la Historia, moviéndose entre las atrocidades, gue-rras, corrupción, codicia y muerte mezcladas con la generosidad, la complicidad, la lucha por la justicia, la igualdad y la libertad, confundidas todas ellas con la indiferencia frente al dolor ajeno o la manipulación de los bienes de este mundo en beneficio propio, incluida la palabra. El compromiso no es más que la irrupción en este caos moral que no ha avanzado un ápice desde la época de las cavernas y con la protesta y la denuncia dar voz a los que no la tienen. Convencida estoy de que es poco lo que se puede conseguir, pero menos aún si no contamos con el arma del compromiso.

Estos aspectos de mi escritura son los que analiza Enrique Ávila López, desmenuzando con su análisis la historia y los documentos que tiene en su poder. Son aspectos que reconozco porque no sólo son el eje de mi escritura como él afirma, sino de mi propia vida. Pero para mí el acierto más importante de esta obra radica en la idea que subyace a todo el análisis y que se afirma en alguna página del libro, según la cual mi escritura—y podría añadirse "yo misma"—puede ser leída como una forma atenuada de elitismo cultural disidente, y en parte, como una forma de neo-simbolismo.

En todos los libros que dejan tras de sí una estela, sea de emoción sea de conocimiento, hay una parte de sorpresa, de descubrimiento. Y como todos los descubrimientos viene a desvelar además una parte importante de nosotros mismos. Este ha sido mi descubrimiento en el libro de Enrique Ávila López que hoy tengo el placer de prologar y la satisfacción de protagonizar: admitir que tal vez sea cierto que me muevo en una forma atenuada de elitismo cultural disidente y que, en parte los ejercicios y prácticas de mi mente, con su imaginación y su fantasía, configuran una escritura neo-simbólica.

Gracias a Enrique Ávila López por un estudio tan consistente y escrupuloso, tan bien estructurado y tan perspicaz, y gracias sobre todo por ese último descubrimiento que me hace escapar a cierta rutina intelectual al mostrarme mi propia escritura bajo un cristal de un color distinto del habitual.

Rosa Regàs

Introducción

Desde que Rosa Regàs empezó a publicar a finales de los años ochenta, su obra no para de crecer y ya tiene en su haber una treintena de cuentos, tres volúmenes de artículos y su cuarta novela, *La canción de Dorotea*, premio Planeta 2001, con la que se ha consolidado como una prestigiosa escritora capaz de llegar a todos los públicos. A esto hay que añadir sus ensayos, ediciones, traducciones, prólogos, epílogos, dos libros de viajes y otros dos sobre la familia que también pueden interpretarse como sus memorias. Regàs es madre de cinco hijos, abuela de quince nietos y bisabuela de dos biznietas. Igual que muchos autores catalanes como Juan Marsé, Juan Benet, Ana María Moix y Esther Tusquets, por ejemplo, escribe en español. Por edad pertenecería a la generación del *boom* de la literatura catalana escrita por mujeres, junto con Montserrat Roig, Carme Riera, María Antonia Oliver, Isabel Clara Simó, Helena Valentí, entre otras. Sin embargo, Regàs no escribe en catalán porque fue educada primero en francés y luego en castellano, aunque comparte algunos intereses con esta generación, como el hecho de que sus obras tengan un escenario marcadamente catalán o, al menos, mediterráneo y, de manera quizás discutible, posee una perspectiva catalana similar a la que, según varios críticos, se puede observar en algunos de sus coterráneos (King 97).

Su producción literaria difiere temática y técnicamente de la de otros que empezaron a publicar en la década de los noventa, como se desprende de las diferencias que existen entre su novela *Azul*, ganadora del Nadal 1994, y la finalista, *Historias del Kronen*, de José Ángel Mañas. En nuestra opinión son tres las causas fundamentales que distinguen a Regàs: edad, educación y posguerra. Regàs es una escritora tardía que en 1991 publicó su primera novela, *Memoria de Almator*, a los 58 años de edad. En esta obra ya puede observarse su mirada analítica y crítica de la realidad colectiva, la cual le lleva a practicar un tipo de narrativa que ya no está muy de moda: la escritura comprometida. Por otro lado, Regàs tuvo una educación privilegiada en diferentes internados religiosos que luego fue contrarrestada por el franquismo particular de su abuelo, figura que para ella simboliza el autoritarismo más despiadado, como se observa en su cuento autobiográfico "El abuelo y *La Regenta*", y en su novela *Luna lunera*. Regàs se diferencia de muchos escritores contemporáneos por la diversidad de ambientes en los que se ha movido, no sólo en España sino también en el extranjero. Su experiencia en el mundo de las letras incluye su labor de editora, traductora, gerente y secretaria de instituciones públicas, miembro de diversos jurados, infatigable viajera y, sobre todo, veterana activista inserta en la cultura española. No en vano ha sido descrita como "una de las columnas sobre las que se edificó la cultura catalana vanguardista de la década de los sesenta" (Preciado 147). Regàs es una intelectual que escribe para denunciar, con elegancia y contundencia, las injusticias de su tiempo, pero no de forma mesiánica, a la manera de un sujeto neorromántico conductor de las masas hacia su emancipación, sino colocando la realidad como fondo de su experiencia individual desde el punto de vista de lo que sólo sus ojos están viendo, es decir, desde su propia experiencia. Un tipo de escritura crítica que, de acuerdo con Vázquez Montalbán, va a tratar de teorizar sobre su práctica, "autoexplicándose más que explicándose" (71–73).

Finalmente, el tema de la guerra civil española es uno de los rasgos característicos de la "novela social española" que se cultivó entre 1950 y 1965, corriente inaugurada por Cela, Martín-Santos y Sánchez Ferlosio, entre otros. La falta de libertad marca a esa generación del medio siglo que ahora vemos continuada en Marsé, Cebrián, Chirbes o Regàs, en lo que podemos denominar "nuevo realismo social", donde el tema de la posguerra está todavía muy presente. Gran abundancia de personajes desarraigados como la protagonista de *Memoria de Almator* o la familia escindida por la guerra civil en la primera y la tercera novela respectivamente, se mueven con el trasfondo ineludible de la posguerra. Por ello, Rosa Regàs puede encuadrarse dentro de la "generación del medio siglo", si entendemos ésta en palabras de Goytisolo (156), caracterizada por una literatura de protesta semejante a la del grupo de escritores que, siguiendo la fórmula de Pavese, consideran la escritura como "una defensa contra las ofensas de la vida" (Goytisolo 157). La propia Regàs se decanta por una literatura comprometida y dice que "hay que tener el coraje suficiente para llegar al fondo de las cosas" (Rojo, "Rosa Regàs").

La narrativa de Regàs, aparte de utilizar un lenguaje elegante, está llena de referencias literarias. Para ella, la literatura es una re-escritura constante que emana desde sus orígenes y se filtra según la experiencia individual de cada autor y de cada lector. Entendemos por orígenes la literatura que le precede. Según Regàs: "me parece que no se puede entender el arte abstracto sin haber entendido lo que son los impresionistas; ni los impresionistas se pueden entender sin haber entendido que son una reacción contra la pintura anterior" (Munárriz 64).

La contribución de Regàs al panorama literario español resulta significativa, primero porque enriquece la lengua española con un lenguaje poético como el de los títulos *Luna lunera* o *Canciones de amor y de batalla*, lo que la hace distinta pero comparable a los poetas de la generación del cincuenta. En segundo lugar, la prosa de Regàs es elegante y al mismo tiempo muy amena. Su lectura es fluida, recuerda historias verídicas de las que siempre se aprende algo, y remite a la literatura de la memoria de Julio Llamazares analizada por Inge Beisel (64-73), donde la memoria individual y colectiva representa el núcleo temático central en torno al cual giran sus obras líricas y narrativas. La escritura regasiana también se asemeja a la ficción del posfranquismo, donde el desencanto estudiado por José Ángel Ascunce resulta "clave significativa de la narrativa actual" (49-63).

La tercera contribución de Regàs hace de su narrativa una continuación de la novela practicada por Juan Marsé o Juan Goytisolo, pues en casi toda ella aparece como fondo la guerra civil española o la posguerra. Sin embargo, no se trata de una nueva novela tremendista a lo Cela, sino de una mezcla entre el tremendismo y la novela hispanoamericana. Esto explica también que haya siempre un personaje loco en sus novelas y que el mundo de los sueños cobre gran importancia, características que son evidentes en los textos de Juan Rulfo o Gabriel García Márquez.

La mayor singularidad de las obras de Regàs reside en su localización catalana y en el dinamismo de sus criaturas. Los escenarios, en ocasiones sólo intuidos, donde se teje y desteje el destino de los personajes, son perfectamente reconocibles en el ámbito de la burguesía y de la payesía catalana. Los catalanes suelen ser aficionados a la ópera en el Liceo, les gusta viajar pero, sobre todo, se caracterizan por su sensibilidad mediterránea. El pueblo suele ser el espacio preferido por Regàs para situar a sus personajes, pueblo hipnotizante como el de su primera novela, *Memoria de Almator*, o por el enloquecimiento y aislamiento de sus habitantes en la isla perdida de *Azul*.

Estética simbolista, rebeldía romántica y juego seductor configuran los principales recursos estilísticos de la narrativa regasiana. También lo son los contrastes entre escenarios naturales y entornos urbanos, ambientes refinados y exquisitos junto a otros sórdidos y vulgares; lo lírico y lo macabro reflejados en el mismo espejo, confundiéndose en él la realidad y la apariencia, la vida y su literaturización, como sucede en el cuento "La inspiración y el estilo". Un clima de máxima tensión emocional se hace añicos con el solo recurso de vincularlo a lo cotidiano mediante una referencia grotesca o simplemente realista, como sucede en "El guerrillero" y "Más allá del límite". Estos cuentos aparecen en su colección *Pobre corazón*.

A todo este juego no es ajena la ironía, ironía delatora de que todo está en situación, ironía que se desprende de la superposición de puntos de vista, de realidades vistas de frente y al sesgo, de opiniones y registros lingüísticos diversos, con los que se va tejiendo el tapiz de una realidad oscilante, insegura, como aquélla de hace cuatrocientos años en la novela de Cervantes. La obra de Regàs profundiza de nuevo en los grandes temas universales como el amor, la muerte, el ser y la lucha por la libertad. Su narrativa supone no sólo la defensa de la existencia vitalista y del mundo poético que más o menos todos llevamos dentro, sino también la reivindicación de la intimidad creadora, acto de comunicación equivalente a la conversación y al diálogo directo.

Factor presente en toda la narrativa de Regàs es el dilema de quién lleva las riendas en una relación, la mujer o el hombre, lo que pone de manifiesto el cambio social y cultural que atraviesa España. La problemática de género sigue irresuelta y representa un conflicto de la sociedad actual. En esto Regàs es una escritora contemporánea. Su prosa puede analizarse desde una perspectiva social pero, si nos detenemos en los personajes, observamos que todos ellos tienen en común una especie de incapacidad para amar o dejarse amar. Desde este punto de vista, Regàs nos parece muy espiritual, pues se preocupa por hechos fundamentales de la vida, indagando en el alma de sus personajes para intentar averiguar cómo funcionan los seres humanos.

Regàs retrata con lucidez y sutileza a sus congéneres en los nueve cuentos de *Pobre corazón*. En ellos encontramos espléndidas y desgarradoras descripciones simbólicas de las heridas y la locura de amor ("La farra", "La nevada", "El guerrillero" e "Introibo at altare Dei..."); la búsqueda desesperada de un espacio y una vida propios de una mujer casada ("Preludio"); esperpénticos retratos de los seres desviados y la vergüenza del propio sexo; la mujer objeto en estado puro ("Los funerales de la esperanza"), o la calculadora y arribista social en estado salvaje y abismal ("La inspiración y el estilo" y "Más allá del límite"); relatos sobrecogedores que dejan un sabor agri-dulce ("El sombrero veneciano"), con mujeres que no gobiernan su destino, sojuzgadas por el hombre al que han pertenecido, viviendo alienadas en una situación de inferioridad patética aceptando la sumisión como una fatalidad de su condición femenina (*Memoria de Almator, Azul* y "Los funerales de la esperanza").

El amor es la única vía de conocimiento, pero siempre se trata de un amor trágico que acepta de buen grado la autodestrucción que le es inherente. Ello no quiere decir que sean personajes románticos goetianos ni protagonistas de amores malditos desafiantes de la norma social. Tanto hombres como mujeres viven exiliados en su interior, repudiando el *tedium vitae* al que han sido condenados. Así se explica el título *Pobre corazón*. Desde esta perspectiva, el tema fundamental de la narrativa regasiana es el virgiliano *fugit irreparabile tempus* o, en términos proustianos, la búsqueda del tiempo perdido. A éste se asocian los temas de la madurez, con la carga de la soledad, incomunicación, angustia o memoria resignada y melancólica. De ahí que el amor aparezca como la única posibilidad de escape. Junto a estos dos aspectos aparecen otros que están en relación con las circunstancias históricas españolas y con el mundo contemporáneo en general.

A pesar de su importancia, no se ha hecho ningún análisis riguroso de la obra de Regàs. Además, su bagaje cultural es tan amplio que su obra constituye un puente entre la modernidad y la posmodernidad, en cuanto está obsesionada por la forma de la escritura y la exaltación de la experiencia, características de los modernistas que aspiraron a crear una élite cultural disidente (Perriam "Literary *Modernismo*" 53–55). Sin embargo su obra se integra a la vez en el posmodernismo entendiendo éste como continuación del fenómeno artístico-cultural anterior. La Regàs posmoderna advoca la irreductibilidad de lo particular y destaca las múltiples posibilidades de transformación que tenemos los seres humanos. Si en sus libros puede parecer más modernista que posmodernista por su obsesión con el lenguaje, en la vida real Regàs adopta una actitud muy crítica hacia cualquier tipo de discurso homogéneo.

Esta introducción consta de tres apartados que sirven para contextualizar la obra de Regàs en el tiempo y de acuerdo a sus ideologías.

1. Marco biográfico: de editora a escritora

Una de las primeras extrañezas que encontramos al analizar la obra de Regàs es su particular biografía, una peculiar historia que subraya también la dificultad de catalogarla. Rosa Regàs Pagès nació en el seno de una familia burguesa catalana el 11 de noviembre de 1933. Hija de Xavier Regàs y Mariona Pagès, ha dicho sobre su infancia que "todavía no sabe cuál es su lengua materna" (Ávila López 230), porque vivió en Francia hasta los seis años de edad (1933–1939), debido a la guerra civil española. Su primera novela, *Memoria de Almator*, está dedicada "A mis madres Mariona y Matilde".[1]

Cuando llegó a España, Regàs conoció la cultura castellana antes que la catalana. Interna de las Dominicas de Horta, recibió una educación tradicional y a la francesa, la cual se hace patente en su escritura. Su cuento "Introibo at altare Dei..." (publicado, junto con otros cuentos, en *Pobre corazón*) y su novela *Luna lunera* reflejan la relación de amor y odio que mantiene con el colegio y las circunstancias sociales de aquella época. Su infancia se resume en viajes e internados. Regàs nunca supo lo que era vivir en familia con los suyos, pues creció "con una madre ausente y mitificada, un padre cercano pero distante a la vez y un abuelo feroz" (Oriol Regàs, "Un 'Planeta'") que dejaron una profunda huella en su escritura. Su sentimiento de orfandad repercute en la gestación de sus personajes. Utiliza un narrador asombrado que podemos definir como "outsider" o testigo, en el sentido de que casi no interviene en la narración. Se trata de una técnica que necesita reconocer una pluralidad de voces. Voces que en su mayoría pertenecen a mujeres con diferentes rangos sociales y modos de pensar, lo que se puede relacionar con la vindicación de lo múltiple y lo diferente y, más concretamente, con el argumento feminista expuesto por Anderson (89), para quien es necesario reconocer la pluralidad de la vida de las mujeres más que privilegiar el concepto de un tipo de mujer occidental.

A los quince años Regàs ya había viajado por media Europa. Recuerda que, exiliada en Francia con su familia, una de sus primeras salidas fue a Mallorca. Era hija de padres republicanos y nieta de franquistas. El antagonismo ideológico entre padres liberales y abuelos nacionalistas es a menudo retratado en su obra, como sucede, por ejemplo, en el cuento "El abuelo y *La Regenta*", posteriormente ampliado en *Luna lunera*. Retazos de su vida aparecen desperdigados en su escritura. Esto nos lleva a subrayar que parte de su biografía, concretamente su infancia y adolescencia tan agitadas, deja una huella inconfundible en toda su creación. La propia Regàs declara que "todo lo que pasa en los primeros años de la vida es determinante, todo. Salir de eso es muy difícil" (Ávila López 223). En este contexto podemos relacionarla con Virginia Woolf, en cuanto Regàs también escribe sobre las vidas de mujeres desde un punto de vista feminista. En su narrativa suele aparecer una figura masculina como *pater familias* y el papel de muchas de sus mujeres se reduce al de "ángel doméstico", delatando la injusticia de esta situación entre los sexos.

Regàs se casó en 1951, con dieciocho años, "a una edad en la que hoy las chicas todavía no han acabado la escuela" (*Sangre de mi sangre* 53) y a finales de su segundo año de matrimonio descubrió qué hacer "con tanta energía inútil y tanta melancolía sin causa" (44). Durante diez o doce años estuvo yendo a Oxford en verano para aprender inglés. También estudió francés en París y se licenció en filosofía pura por la Universidad Central de Barcelona. Además cursó estudios de piano en el Conservatorio del Liceo. En la década de los sesenta formó parte de los nuevos proyectos editoriales de España. De 1964 a 1970 trabajó en la editorial Seix Barral, cuyo director era entonces Carlos Barral, uno de los integrantes del triunvirato europeo formado por el italiano Giulio Einaudi y por el francés Claude Gallimard, en un momento en el que el *establishment* español no oficial era dirigido por él y su equipo. Regàs fue jefe de prensa y de relaciones públicas y posteriormente directora de producción de publicaciones. En 1967 fue también coordinadora y redactora de la revista semanal *Siglo XXI* hasta que las autoridades franquistas la cerraron.

En 1970 fundó sus propias empresas editoriales: Ediciones Bausán, dedicada a libros infantiles y La Gaya Ciencia, dedicada a narrativa, ensayo, economía, salud, política, sociedad, arquitectura y poesía. Entre los autores publicados figuraron una multitud de personalidades que tienen en común el haber hecho historia en la España de la transición, es decir, el haber participado de forma destacada en la construcción de un país que pasaba de la dictadura a la democracia. En 1974 fundó la publicación *Arquitecturas Bis* y en 1976 fundó la revista de Filosofía *Los cuadernos de la Gaya Ciencia*, de la que fue directora hasta 1981.

De estos inicios en su etapa como editora podemos destacar tres hechos: primero, que Regàs se rodeó de un selecto grupo de intelectuales, casi todos ellos hombres; segundo, que todos tenían como principal característica sus ganas de trabajar y sus ansias por mejorar una España todavía aletargada por la dictadura que había dejado en ellos una marca irremisible; y tercero, que por sugerencia de Luis Goytisolo, empezó a trabajar en la editorial Seix Barral y allí encontró al que ha considerado como su auténtico maestro: Carlos Barral.

En 1983 vendió las editoriales porque perdía mucho tiempo de su trabajo en lidiar con asuntos burocráticos. Así pasó de ser editora a traductora temporera en las Naciones Unidas, un empleo que le otorgó tiempo libre para viajar a Ginebra, Nueva York, Washington, Nairobi o París. Tras once años en la ONU en 1994 fue nombrada directora del Ateneo de la Casa de América de Madrid, cargo del que dimitió por agotamiento en marzo de 1998. Actualmente forma parte del Consejo Asesor de la Fundación Cultura y Cambio Social, de la Fundación Alternativas, de la Junta Directiva del Comité Catalán del ACNUR (Asociación no lucrativa que apoya el trabajo del Alto Comisionado de las Naciones Unidas para los Refugiados) y de ATTAC (Asociación por una Tasación de las Transacciones Financieras para Ayuda a los Ciudadanos). El 14 de mayo del 2004 fue nombrada Directora General de la Biblioteca Nacional y en Cataluña se le otorgó la Creu de Sant Jordi. El 21 de agosto del 2005, el gobierno francés le concedió la condecoración de *Chevalier de la Legion d'Honneur*.

En la década de los noventa ha participado como jurado o secretaria en varios premios de novela y concursos internacionales como el Príncipe de Asturias de las Letras y el premio Alfaguara Internacional de Novela. De su labor de jurado llama la atención el hecho de que Regàs sea una de las pocas mujeres españolas que forman parte de paneles integrados casi exclusivamente por hombres. Ahora que las escritoras ganan bastantes premios comerciales, ella es poseedora de tres, pero a muy pocas mujeres se les conceden premios institucionales. Ella tiene uno.

Actualmente, además de intervenir en jurados de premios literarios, Regàs participa de manera activa en otros aspectos de la vida cultural española desde muy diversos foros. En los albores del siglo XXI, cuando los medios de comunicación conforman el *establishment* cultural, Regàs se distingue por colaborar regularmente en todos los periódicos del grupo Correo, *El Mundo* y *El País*, en las revistas *Ajoblanco, Cambio 16*, ambas ya desaparecidas, y *Viajar*. Ha presentado multitud de conferencias en ciudades de España, Europa, América y Asia. Pero lo más importante de esta movilidad es la publicidad que genera para su obra. De hecho sus novelas han sido ya traducidas al catalán, italiano, francés, alemán y holandés, y su nombre aparece en el periódico inglés *The Guardian* como el de una analista política que denuncia las "Declaraciones peligrosas" de la esposa del ex-presidente de Cataluña (Tremlett 20).

Destaca su capacidad para intervenir tanto en lo que puede considerarse un acto cultural minoritario como en un evento de cultura de masas. Por ejemplo participó en el popular evento que dio a conocer al público la primera novela de Mari Pau Domínguez, *La tumba del irlandés*, y también en la elitista presentación de *Poesía reunida*, de Juan Antonio Masoliver Ródenas en la librería "La Central", adonde acudió acompañada por Pere Gimferrer. Esto demuestra que en Regàs no se da la discriminación de la práctica entre cultura elitista y cultura popular (Bourdieu, *Distinction* 88–89).

Su participación en los medios de comunicación hace pensar que Regàs es una mujer activa y luchadora, al día con los asuntos actuales de su época. Este contacto con la ciudadanía, de alguna manera define a Regàs como una mujer comprometida con la sociedad en la que vive y por la que lucha para que sea mejor; en definitiva, una participación que la diferencia de otros escritores e intelectuales españoles y que a la vez permite asociarla con pensadores extranjeros tan influyentes como Pierre Bourdieu.

Paul Julian Smith empleó en *The Moderns* tres conceptos de Bourdieu "distinción", "campo" y "habitus" para examinar el papel del intelectual en artistas españoles con la intención de enmarcarlos en un proyecto estético e histórico de modernidad. Nosotros, valiéndonos de la noción de "habitus", argüimos que la obra de Regàs significa un compromiso deliberado y serio con la sociedad contemporánea española. Su labor editorial es un ejemplo de lo que Bourdieu define como "el espacio de los estilos de vida" (*Distinction* 169–225).

Su labor editorial le costó muchos esfuerzos a Regàs. Como dueña de una pequeña pero influyente empresa, La Gaya Ciencia, cabe señalar que, gracias a su valentía en arriesgar su capital, han triunfado destacados escritores como Javier Marías o Juan Benet. De este último Regàs reconoce que su escritura es difícil de leer, pero ello no sirvió de obstáculo para que editara siete tomos de este autor.

La Gaya Ciencia publicó además la serie de literatura juvenil "Moby Dick" y lanzó la exitosa colección "¿Qué es...?" de divulgación política. Cuando murió Franco no se tenía clara la diferencia entre liberales, socialdemócratas o socialistas, y a Regàs y a su hermano se les ocurrió editar esta colección en la que líderes políticos que habían permanecido en la clandestinidad, redactaran un libro pedagógico muy breve, definiendo cada uno sus tendencias políticas. De esta manera se lograba evitar la confusión reinante hasta el momento, porque en el antifranquismo estaban unidos desde los más derechistas hasta el partido comunista. Políticos del prestigio de Felipe González, Tierno Galván, Garrigues, Fernández Ordóñez, y así hasta veintisiete títulos, escribieron un volumen cada uno para explicar las diferentes corrientes políticas que reinaban en la España de aquella época. Ésta es una labor que no debe olvidarse porque demuestra que Regàs fue una pionera en el campo apostando por el pluralismo de ideas, concibiendo una España multicultural y dando prueba de que su vocación de editora contenía una voluntad política que intentaba abrir nuevos caminos.

Ahora bien, ¿por qué escribe Regàs? El editor sabe por qué escoge su profesión, sabe que quiere influir, que quiere dar a conocer unos libros, unos autores, una corriente literaria. Lo que no está claro es por qué escribe un escritor. Las razones son tan variadas como escritores hay, pero, como recuerda Juan Goytisolo en España "una cosa es lo que se piensa, otra lo que se dice, otra muy distinta aún lo que se escribe, y otra, finalmente, lo que por *a* o por *b* aparece publicado" (137). Según Regàs, hay personas que apelan a una llamada interna que les exige escribir y no pueden dejar de hacerlo; hay otras que lo consideran un deber fundamental; algunos que poseen gran facilidad de escritura; y otros más que tienen una historia que contar. También recuerda que para Vázquez Montalbán "el escritor es un desvergonzado, que lo único que quiere es hablar de sí mismo todo el tiempo" (Regàs, Martínez y Muro 196–97). Lo cierto es que escribir es un trabajo difícil y muchas veces una verdadera tortura. Entonces, no se entiende por qué el escritor tiene que someterse voluntariamente a esa tortura. Regàs ha explicado su razón para escribir, cediendo a la petición de un periódico, que le concedía sólo cinco líneas para ello y que aprovechó de la siguiente manera:

> Yo no sé muy bien por qué escribo. La respuesta es difícil, oscura y plural. ¿Qué son el arte, el universo y el amor? Quizá escribo porque me gusta o porque tengo una historia que contar, quizá por saber por qué escribo, pero lo más posible es que escriba para no perder el juicio ante el sinsentido del tiempo y de la muerte. (Regàs, Martínez y Muro 198)

Aquí se revelan varias causas que la impulsan a escribir: ignorancia de por qué se escribe placer en dicho trabajo porque se tiene un argumento o porque con ello uno se conoce mejor o "para no perder el juicio ante el sinsentido del tiempo y de la muerte" (Regàs, Martínez y Muro 198). En realidad el verdadero motivo por el que escribe Regàs parece centrarse en su interés por revelarnos la complejidad de los sentimientos humanos y, por ende, manifestar la necesidad de protestar por algo, de decir algo a alguien. Pero no por el mero hecho de criticar, sino por una vocación innata de querer establecer su propia agenda cultural, su propio "juicio del gusto" (Bourdieu, *Distinction* 1). En definitiva, por las mismas razones por las que trabaja su amigo, el filósofo Eugenio Trías, que es "uno de los pensadores españoles que más están haciendo por elaborar una filosofía propia" (Rojo, "Ciudad sobre ciudad").

Después de vender sus editoriales y una vez terminado su periplo internacional en las Naciones Unidas, convendría recordar que su vuelta al mundo literario la llevó a cabo de la mano de Carlos Trías, que le encargó un libro sobre la ciudad de Ginebra, y de quien Regàs ha dicho: "nunca le agradeceré suficiente que me obligara a sentarme frente a una máquina de escribir" (D.M. 47). Aquí empieza la etapa de Regàs como narradora, que comienza escribiendo por encargo, pero que gradualmente crea su propio "campo intelectual", entendido como una relación dinámica, como una homología entre el espacio de trabajo y el espacio de los productores e instituciones (Bourdieu, *In Other Words* 147), es decir, un espacio donde la lucha es una constante. Esto se pone de manifiesto con el activismo representado, por ejemplo, por su rechazo a la guerra actual, participando como miembro del foro "Con la guerra y el terror no se construye la paz". Si el provocador Bourdieu acierta pensando que en muchos intelectuales existe una cierta propensión al terrorismo, interpretado aquí como una manera de infundir terror únicamente por medio de sus palabras, en cierto sentido Regàs sería una "terrorista", y más cuando traslada al campo social y político las guerras de verdades que tienen lugar en su intelecto. Valga como ejemplo una de las declaraciones de Regàs, donde culpa a toda la sociedad occidental de apática:

> Bush ha pasado de ser un casi perdedor a ser el emperador que goza de gran apoyo. Los europeos somos cada vez más el felpudo de EEUU, y encima estamos contentos. Lo único que no cambiará será la apatía de los ciudadanos de Occidente y la situación de las mujeres en Afganistán. Pase lo que pase. (Regàs, "Primer plano")

Este juicio del gusto o memoria crítica no es un concepto inventado por Bourdieu, porque ya estaba establecido en España, específicamente en Barcelona y concretamente en los ambientes intelectuales en los que Regàs se movía, con Carlos Barral, Juan Goytisolo y Jaime Gil de Biedma. Estos escritores siempre mantuvieron un juicio crítico planteándose el papel del intelectual en la sociedad.

Regàs pertenece a ese tipo de escritores que se adentran en sí mismos para ver el mundo desnudo de todas las cosas que lo hacen alegre y llevadero. Cuando lo positivo desaparece, el escritor cae en absoluta soledad y empieza a pensar en el sinsentido de que todo nace para perecer. Entonces se pregunta si no estará escribiendo para olvidar.

2. Memoria, influencias, intertextualidad

Cualquier trabajo de Regàs tiene como principal base creativa la memoria. Para ella la tarea del escritor es la de pasar todo por el tamiz de su experiencia, de su propia vida. Entrevistada, cuenta que empezó *Memoria de Almator* porque un día se compró un gallinero y se le ocurrió esa historia con ella misma como protagonista viviendo en el campo. Al hablar de *Azul* recuerda que Martín, el personaje principal, se enfrenta con un perro, al que mata de manera cruel. La propia Regàs presenció un hecho parecido cuando vio cómo un hombre acababa a pedradas con la vida de un animal. Su literatura no se basa en historias inverosímiles. Regàs no inventa nada que no pueda suceder en la realidad. Por ejemplo, cuando estaba acabando la primera novela, realizó un viaje a una isla griega con unos amigos. Uno de ellos era el filósofo Eugenio Trías y otro la persona a la que está dedicada *Azul*, Storni, un amigo suyo que murió ese año (Ávila López 219).

Como vemos, la narrativa regasiana se sustenta en la memoria, entendida como la evocación de una experiencia vivida personalmente. Respecto a ese interés suyo en la memoria conviene señalar la influencia de su padre, de quien ha dicho que tenía una memoria espectacular y que era un conversador infatigable, dos cualidades que sin duda definen también a Regàs. Este recuerdo trae a colación el carácter autobiográfico de su escritura, pudiéndose aducir que sus protagonistas encarnan el espíritu luchador de su padre, pero también el desencanto y el trauma de la historia contemporánea española. Su experiencia de la guerra como niña-testigo es analizable desde un punto de vista psicoanalítico y desde una perspectiva feminista, como la de Cathy Caruth. *Los niños de la guerra*, como denomina Josefina Aldecoa a esta generación de escritores y artistas que va desde Caballero Bonald o Ángel González hasta el guionista Rafael Azcona o el pintor José Luis Fajardo, tienen el uso de la memoria como común denominador. La utilizan no sólo para contemplar los hechos históricos sino para manipular su propia autobiografía, en un ejercicio literario de primer orden.

Uno de los rasgos que definen la narrativa regasiana es su impronta idealista, la cual se debe a su interés por la filosofía como utopía. Su pensamiento coincide en parte con la filosofía de Eugenio Trías, cuya obra se caracteriza por la memoria perdida de las cosas y por una atención especial al pensamiento romántico alemán. Aunque los escritos de Regàs están siempre basados en la realidad, sus protagonistas suelen buscar inútilmente un mundo ideal. Esta fútil búsqueda tiene una explicación autobiográfica. Aparte de recibir una educación exenta de "trasnochados principios morales", litúrgicos y estéticos que hacían volar la imaginación de Regàs (*Sangre de mi sangre* 71), sus lecturas de juventud están protagonizadas por antihéroes como Don Quijote o Ulises, de quienes aprendió lo que era la verdadera soledad. De las aventuras de estos personajes Regàs extrajo que la única salvación reside en la imaginación y en lo que ésta crea: "ese mundo que llamamos de ficción donde se mueven la libertad, la emoción, el ingenio" (*La creación, la fantasía y la vida* 24-25).

Su reivindicación de los clásicos y su interés por la búsqueda de un mundo más libre nos lleva a equiparar su obra con el planteamiento noventayochista en España, para el cual no es posible la huida, salvo a través de la fantasía y la imaginación que permiten recrear el mundo y, a su vez, entenderlo, despreciarlo o amarlo. De aquí se desprende que para Regàs existe una diferencia muy clara entre literatura y vida: "[l]a literatura está desgajada de la vida, es la creación de otro universo tan real como el de las estrellas, tan cierto como el dolor, tan punzante, estridente y apasionado como el amor, el odio, la violencia, la venganza y la compasión" (*La creación, la fantasía y la vida* 29).

Las preferencias de Regàs no se limitan a los textos clásicos ya que, aparte de haber colaborado como ayudante y guionista en dos películas de Jaime Camino (*El balcón abierto* y *Dragón Rapide*), se siente atraída por las imágenes del celuloide hasta el punto de haber escrito varios cuentos y bastantes artículos en torno al cine. Sin embargo, considera que su escritura está más influenciada por la poesía que por el cine, aunque no niega que su mirada tiene una dimensión cinematográfica. En nuestra opinión, este rasgo visual existe. Si bien su narrativa no está estructurada a manera de guión, podemos encontrar referencias fílmicas en sus cuatro novelas y en varios de sus cuentos como "La farra" o "La nevada". Además, algunos de sus personajes suelen trabajar en el mundo del cine, como los protagonistas de *Azul* o del cuento "Hasta la vista, amigo", relato predilecto de Regàs.

Hay que señalar también su interés por la fotografía que despierta en ella una curiosidad similar a la que siente por el cine. De hecho, ha publicado un libro de fotos sobre España, ha prologado dos—uno de ellos de Juan Manuel Díaz Burgos—, ha coeditado otro con Oliva María Rubio y ha dado una conferencia sobre el pintor Caravaggio publicada por el Museo Thyssen-Bornemisza, estableciendo correspondencias visuales entre los cuadros y las fotos de artistas clásicos y contemporáneos. Su afinidad con Caravaggio radica en la importancia que Regàs concede a la luz para revelar su visión de la complejidad humana. La relación entre pintores y escritores se ha estudiado ya en otros autores como la establecida entre Soledad Puértolas y los cuadros realistas de Edward Hopper (Intemann).

Su interés por el cine, la fotografía y la pintura nos hace pensar que Regàs pertenece a ese grupo de surrealistas que ven la vida a través de un sentimiento artístico. Ejemplo de filiación surrealista son los personajes que suelen oscilar entre el mundo de la realidad y "el reino de la abstracción" como sucede en el cuento "La farra" o en su ensayo *La creación, la fantasía y la vida* (55).

Otro dato para entender la obra de Regàs es su don de lenguas, porque explica su asociación con ese grupo de escritores internacionales que conocen otros idiomas y son capaces de leer en versión original las obras de autores franceses, ingleses, italianos o alemanes, por ejemplo. Regàs habla cinco idiomas: español, catalán, francés, inglés e italiano. Sin embargo, traduce sólo del inglés, porque es la lengua que más le ha atraído desde que era pequeña. Es gran admiradora de la literatura inglesa. A los once años leyó la novela de Sally Sallimen, *Katrina*, y se juró a sí misma que sería el libro que habría de guiar su vida entera. Desde entonces no ha dejado de buscar guías y caminos que no fueran los de su propia convicción y parece guardar intacto el recuerdo del tesón y la voluntad del personaje de esa novela que supo dar sentido a su vida miserable y convertir la decepción y el desamparo en un arma de seguridad a favor de su propia dignidad. El argumento de la novela de Sallimen de una forma u otra se proyecta en todas las protagonistas regasianas. A aquella solitaria Katrina se han ido añadiendo personajes de otros muchos libros, pero, ¿cuál es el preferido de Regàs hoy?

La respuesta es difícil, porque Katrina fue sustituida por una serie de heroínas románticas cuyos rostros y proezas se confunden en su mente. Luego vendrían los personajes de *Lord Jim*, *El negro del Narcisus* o *El corazón de las tinieblas*. Más tarde Conrad fue sustituido por Stevenson, Salinger, Faulkner, Proust, Shakespeare, Gerardo Diego, Cesare Pavese, Confucio, Rubén Darío, Alfonsina Storni, Salvador Espriu, Sándor Marai y García Lorca, todos ellos citados por Regàs en forma de epígrafe o incluso de título, como es el caso de su novela *Azul*, que hace referencia a la obra pionera del modernismo hispano. Aquí ya entramos en el campo de la intertextualidad y, concretamente, en el tipo de intertextualidad que, en un juego de palabras, se denomina "intertitularidad", combinación de "título" con "intertextualidad" (Plett 122). En nuestro estudio entendemos por "intertextualidad" una manera de aludir a toda la literatura anterior, lo que puede hacerse de forma directa (parafraseando párrafos, títulos o epígrafes) o estableciendo una interrelación entre los personajes de diferentes textos.

De la intertextualidad cabe resaltar que es un concepto nuevo en la historia literaria que corresponde al posmodernismo, entendido éste como extensión lógica y culminación del modernismo. Es decir, una nueva fase que se presenta como época dominada por la "literatura del agotamiento" (Plett 208) para referirse al momento en que el ímpetu creativo se gasta y la originalidad se reduce a juegos sofisticados con textos existentes y estructuras tradicionales. Así ocurre en la escritura de Regàs, rica en alusiones, citas, parodias e incluso collages. *Desde el mar* es buen ejemplo de collage. Otras muestras de intertextualidad se evidencian en su narrativa a partir de los libros que tradujo para su editorial La Gaya Ciencia, entre ellos: *Arthur el solitario*, de Alan Coren; *Dr. Jeckyll y Mr. Hyde* de Robert Louis Stevenson; *Tifón* de Joseph Conrad y *Los Campesinos y otros cuentos*, de Chejov. Desde 1998 su ritmo de traducción es un libro por año.[2]

La influencia que más resalta en la narrativa de Regàs es la de la poesía romántica de Coleridge, Wordsworth, Carlyle o Eliot, hasta el punto de que su prosa resulta poética al sustentarse en el ritmo del lenguaje. Ejemplo de ello es el título de su tercera novela, *Luna lunera*, que viene de una canción de cuna "Luna lunera cascabelera". La lírica inglesa conocida como "poesía de la experiencia" (Langbaum 11) llega a España en 1959 de la mano del poeta Jaime Gil de Biedma, quien representa la influencia más reconocida por Regàs. De Gil de Biedma ha dicho la autora que en las noches de melancolía no ha dudado en acudir a él durante los últimos treinta años.

Gil de Biedma pertenece a la denominada poesía de la experiencia o generación del cincuenta, como también se conoce en España a este grupo de poetas y escritores entre los que podemos incluir a Regàs, porque incorpora la vivencia cotidiana en su literatura a la vez que busca un efecto poético sin estridencias. Al igual que en los poetas de la experiencia como Carlos Barral, la guerra deja en ella una particular vinculación con la calle y una gran predilección por el paisaje. Éste se refleja en el personaje protagónico, de forma que se fusionan paisaje y sentimiento. La prosa de Regàs es indudablemente una re-escritura de la literatura anterior. Lo que la hace única es el contexto histórico y literario en el que nace. Las circunstancias coyunturales de cada período, como la posguerra y la generación del cincuenta en su caso, definen su narrativa.

3. Planteamiento

El presente estudio es el primer análisis extenso que se hace de la obra de Regàs. Se basa en un planteamiento multidisciplinar que responde a su variada producción literaria. El acercamiento que se le da constituye una visión general, donde queremos demostrar que su narrativa supone una importante contribución a la literatura contemporánea. Consideramos que Regàs es una artista posmoderna por la multiplicidad de discursos que conviven en su obra. Así, sus libros de viajes son también novelas, y sus novelas participan de la fotografía y el cine. La utilización de proverbios y canciones en los títulos de sus dos últimas novelas no tienen la finalidad de almacenar sólo una memoria oral sino también de crear un debate intelectual, luchando con lo opuesto, lo que invita a analizarlos según los estudios de género, de la memoria cultural o como literatura de la subjetividad, que tan en boga está entre los críticos actuales (Shaw y Stockwell; Van Reijen y Weststeijn).

Desde un punto de vista convencional, la obra de Regàs puede dividirse en novelas, cuentos, ensayos, artículos y libros de viaje. Más que su producción literaria en sí, reducida si se quiere, su literatura deslumbra por su estilo, caracterizado por una narrativa lírica y una técnica impresionista. Uno de sus rasgos principales es la multiplicidad de voces narrativas. De la primera a la tercera novela puede observarse una evolución en la voz narrativa, que pasa de ser una voz única a ser doble en *Azul* y que llega a convertirse en un cuadro polifónico de tres bloques con cuatro voces cada uno, en *Luna lunera*. El estudio de la voz narrativa es una herramienta muy útil para descodificar un texto. Por eso empezamos nuestro estudio por las voces narrativas de Regàs. No se pretende hacer un análisis exhaustivo sino recoger una visión plural de múltiples interpretaciones posibles.

El propósito de este estudio es, pues, demostrar que la obra de Regàs constituye un ámbito de voces relacionadas entre sí. Este término "ámbito de voces" corresponde al concepto de polifonía que, aplicado a la escritura regasiana, revela la práctica de una estética neo-simbolista, una especie de literatura híbrida, una memoria y un compromiso que serán analizados en los siguientes capítulos.

Después de estudiar la voz narrativa, que suele incluir un yo testigo en la narración, pasamos al capítulo de los símbolos, para demostrar la emergencia de un plano que se repite en las novelas y varios de sus cuentos. En el segundo capítulo señalaremos la estética de Regàs y el estilo poético que de ella se desprende. Regàs manifiesta su visión de las cosas de forma ambigua y simbólica, entendiendo por simbolismo el proceder por símiles, por alrededores, por aproximaciones; precisando en una imagen lo impreciso por medio de metáforas, de relaciones, de correspondencias entre unas cosas y otras.

Símbolo y tema importante de la obra regasiana es el viaje. Su relevancia es tal que dedicamos un capítulo entero a analizar su narrativa como un recorrido literario. Tanto el periplo real como el imaginario se dan cita en su narrativa convirtiéndose en un elemento indispensable para la comprensión de su obra. En el tercer capítulo seguimos estudiando la relación inseparable entre literatura y tránsito. El hecho de que sus primeros trabajos sean traducciones de libros de aventuras y de que su primera obra, *Ginebra*, sea un libro de desplazamientos es indicio revelador de la importancia de este elemento en su escritura. No es casualidad que la novela *Azul* comience con un epígrafe de Conrad, uno de los escritores transeúntes por antonomasia, a quien también cita en *Ginebra* (14). El viaje está inserto en la escritura de Regàs no sólo como tema sino como exponente de un género literario de larga tradición.

En el cuarto capítulo resaltamos la enorme importancia de la memoria, que llega a constituir un rasgo esencial de su escritura. Toda su obra se caracteriza por esgrimir la memoria contra el olvido con la particularidad de que la primera actúa como una especie de plataforma de lanzamiento de la insinuación y la sugerencia. El recuerdo, incorporado como vivencia de los personajes es el recurso que se utiliza a la hora de exponer sus problemas. No cabe duda de que la memoria, entendida como autobiografía, ha tenido un auge creciente en la literatura española conforme se asentaba la democracia. A ello contribuye no sólo el caldo de cultivo teórico que se hizo sentir en las décadas de los sesenta y setenta en Inglaterra, EEUU, Italia y, sobre todo, Francia y que fue introducido paulatinamente por los estudiosos españoles a lo largo de la década de los ochenta, sino también la necesidad de reubicar al individuo en la nueva sociedad que se estaba fraguando tras un período de historias oficiales (Tortosa 230).

El quinto capítulo está dedicado a la labor periodística y ensayística de Regàs. Todos los escritores de finales del siglo XX han publicado artículos en prensa, constituyéndose éstos en otra forma de literatura, la cual merece ser analizada. Con el último capítulo se pretende "desenmascarar" a Regàs en un intento por revelar los matices esenciales de su pensamiento a través de sus artículos y ensayos. Una vez analizada su obra narrativa desde su yo literario ficticio, terminamos este estudio analizando el yo reflexivo o periodístico de Regàs que aparece en sus artículos y ensayos caracterizado por una mirada comprometida. La originalidad del compromiso de Regàs radica en su capacidad de ir por libre. Una característica romántica, pero afín a su temperamento, capaz de dejarlo todo en busca de la aventura (Pita 54–57). El mensaje de su escritura es instar al lector a la búsqueda de su propio sueño, de un lugar libre en su mente, del descubrimiento que una persona hace de su propio paraíso.

NOTAS

[1] "Matilde fue una amiga de mi madre con la que compartió la vida después de que mi madre se separara de su marido en 1939 y hasta 1999, en que murieron una tras otra, vivieron juntas. Es pues mi segunda madre". Aclaración por correo electrónico de Rosa Regàs a Enrique Ávila López.

[2] En 1999 traduce y prologa la biografía *El desierto de Daisy Bates* (1994: *Daisy Bates in the Desert*), de Julia Blackburn; en 1998 prologa los ensayos *Del amor* (1993: *On Love*), del televisivo autor inglés Alain de Botton. Y en el 2001 traduce *Amor, Amoris* (1998: *Love's Apprentice*), de Shirley Abbott.

Capítulo 1

La voz narrativa: la elección entre la voz ("persona") y el mundo ("focalización")

Como se anuncia en el título de este capítulo, hacemos aquí un estudio narratológico de cuatro narraciones de Rosa Regàs.

Lo que más se publica y se lee en España actualmente es novela. Regàs se replantea este género de orígenes grecolatinos (García Gual 18) presentándonos una narrativa filtrada por el tamiz de la novela moderna iniciada con Cervantes, aplicando un tono lírico y una técnica impresionista que hacen de su ficción un ejemplo de lenguaje no encorsetado, lo que no significa que no siga unos parámetros literarios determinados. Más que la historia en sí, llena de pasión, su literatura deslumbra por su discurso, elaboración estilística que no se limita a contar bien una historia, sino que ajusta el lenguaje a lo contado. En este estudio nos centraremos en sus tres primeras novelas y uno de sus cuentos largos o novela corta, "La nevada". El hilo conductor será siempre el carácter polifónico de su obra, es decir, la multiplicidad de la voz narrativa. Una de las grandes diferencias entre la novela del siglo XIX y la del XX es que ya no hay una voz única en el relato, pues ha sido substituida por una pluralidad de voces. De la primera a la tercera novela de Regàs se observa una evolución parecida que pasa de una sola voz narrativa a tres bloques de cuatro voces cada uno, en *Luna lunera*, con cuatro niños, cuatro criadas y cuatro tíos.

El aspecto más relevante de la narrativa regasiana es la presencia constante del tema de la memoria. Con frecuencia se narra parte de una vida a modo de (auto)biografía, lo cual hace de sus textos un testimonio literario ficticio, aunque se basen en episodios vividos por la propia autora. Se trata de una escritura que pasa a ser discurso autobiográfico real en sus artículos periodísticos y ensayos, como comprobaremos en el capítulo quinto. Tanto sus novelas como sus cuentos forman un variado *corpus* que ofrece material suficiente para emprender un análisis narratológico de su ficción. Sería labor interminable identificar los *yoes* que hablan con el nombre de la autora que verdaderamente ha escrito el libro. En la narración se distingue un narrador explícito que a veces coincide con el autor real y luego un narrador implícito, figura mucho más sutil, entendida como aquella imagen que el escritor proyecta de sí mismo dentro del texto y que presupone un lector implícito, potencial y deseado (Mainer 192).

Como señala Culler, la teoría de la narración o narratología es una disciplina muy activa que define la narrativa como el método fundamental con que damos sentido a las cosas, por ejemplo, pensando en nuestra vida como una progresión que ha de conducir a alguna parte o explicándonos a nosotros mismos lo que sucede en el mundo. Para Culler, la narratología es, entonces, el intento de describir la competencia narrativa igual que la lingüística es el intento de describir la competencia lingüística (84).

Según F. J. del Prado, "la narratología es la ciencia que intenta formular la teoría de los textos narrativos; es decir, extraer su *narratividad*" (295). Todo elemento que contribuya a la creación es objeto de estudio de la narratología. Como indica Mieke Bal, uno de los problemas al adelantar una teoría es la formulación de unas características con las que conferir límites a ese *corpus*. Este estudio no pretende ofrecer un análisis exhaustivo de una serie de categorías narratológicas sino servirse de estos presupuestos como herramientas útiles para el descubrimiento de las características de un texto (*Teoría de la narrativa* 11).

Mijail Bajtín describe la novela como algo esencialmente polifónico, es decir, con diversidad de voces o dialógico. Para él la esencia de la novela es la dramatización de diferentes voces o discursos y, por tanto, de la lucha entre perspectivas y puntos de vista en una sociedad.

Uno de los aspectos más estudiados del narrador es la cuestión del punto de vista, que desde la segunda mitad del siglo XIX, viene preocupando a novelistas y teóricos (Lluch Villalba 108) y que se conoce con el nombre de enfoque, perspectiva o focalización, términos que provienen de las artes plásticas o de la óptica, y en la actualidad de técnicas cinematográficas (Genette, *Narrative Discourse* 186). Por otro lado, la figura del lector como categoría del relato se ha incorporado tarde a la narratología, la cual en la narrativa de Regàs cumple el papel decisivo de completar el acto de creación con el acto de lectura para fijar un sentido entre los varios que ofrece el texto artístico. No cabe duda de que la función del lector es fundamental en el fenómeno estético, contribuyendo a la explicación de la comunicación literaria. María Luisa Puga, como casi todos los teóricos de la estética de la recepción, recuerda que en el autor no hay intención que valga: "la novela es lo que llega a ser cuando se encuentra con el lector" (16).

Coincidimos con Barthes en que el objetivo crítico no es encontrar el sentido, ni siquiera un sentido del texto, pues no nos interesa la hermenéutica que intenta interpretar el escrito según la verdad que cree que adivina oculta en él. Más bien tratamos de llegar a concebir, a imaginar y a vivir lo plural del mismo.

Nuestro estudio se basa en el análisis del texto, el cual nos conduce a un espacio multidimensional en donde una variedad de escritos, ninguno de ellos original, se mezclan y coinciden. Cualquier obra está relacionada con otra. Borges argumentaba que toda la literatura es un solo texto. Es decir, todo texto es polisemántico. La narrativa de Regàs es un claro ejemplo de literatura polisemántica porque está escrita con tal ambigüedad que requiere un lector activo que utilice su imaginación. Éste es el caso de *Azul*, que desde su propio título paratextual, ya hace referencia a otra obra literaria homónima: *Azul*, de Rubén Darío. La intertextualidad, por tanto, es el primer elemento narrativo a analizar.

1.1 Intertextualidad

Aplicando el "principio de intertextualidad" se aísla el texto de los contextos prácticos e históricos, se redefine y se sitúa el carácter específico de la literatura (Hernández Guerrero 24). Así, un epígrafe es un elemento paratextual que puede convertirse en una parte fundamental de la novela. A esto lo denomina Mainer "exergo", refiriéndose a "los textos de autor ajeno que el escritor pone al frente de su libro" (246), algo profundamente relacionado con la sensibilidad y la idea de originalidad modernas. El escritor se siente seducido por la escritura de quien admira. Según Genette, "intertextualidad" es la presencia más o menos literal de un texto en otro, mientras que "transtextualidad" es aquello que pone en relación manifiesta o secreta un texto con otro texto (*The Architext* 81). Por su parte, Navajas (73-74) nos recuerda que el concepto de intertextualidad no debe confundirse con el de influencias. La intertextualidad requiere la elaboración del creador para realizarse a partir de unos textos previos.

Apoyados en la teoría que afirma que las obras literarias se crean a partir de otras, se argumenta aquí que la novela *Memoria de Almator* es una construcción intertextual porque entra en relación con otros textos y recoge ecos que provienen de obras anteriores. En esta novela Marcel Proust está presente desde el principio en forma de epígrafe (*Céleste Albaret*). De manera parecida a la del escritor francés, Regàs incorpora a su narrativa una visión poética de la existencia y un esfuerzo de memoria que le sirve a la protagonista para ahondar en sus propias raíces y reflexionar sobre su pasado. Con ello ayuda también al lector a pensar en el destino del ser humano, de su moral y de su libertad.

Sin embargo, elementos accesorios o referencias históricas inundan su primera novela, como la guerra civil española (52) y la guerra de Cuba (284), que aparecen junto a alusiones culturales como *Los viajes de Gulliver* (145), la novela decimonónica (204), Salustio (284), Prometeo (302), *Robinson Crusoe* (316), un *Manual sobre la vida en el campo* (125) y la alusión irónica al neopositivismo (322), no constituyen intertextualidad propiamente dicha sino una forma de eclecticismo posmoderno. *Memoria de Almator* está marcada por referencias que provienen de una gran variedad de discursos históricos, literarios y musicales. La televisión, como gran invento del siglo XX, se cita de forma más elaborada destacándose las alusiones explícitas de dos clásicos seriales televisivos ("Falcon Crest" y "Las entrañas de la tierra"). Es decir, la televisión sí es un elemento intertextual que se repite en obras posteriores. Otro elemento intertextual lo constituye la música clásica encarnada en la figura del abuelo en *Memoria de Almator* (438-39) y continuado en el cuento "El abuelo y *La Regenta*".

La narración polifónica se impone no sólo por la voluntad consciente de barroquismo o de posmodernidad, sino por la voluntad de reflejar la vida en toda su complejidad con los sentimientos humanos mezclándose y diluyéndose sin que existan reglas fijas que les den sentido, como ocurre en *Beatus ille* de Muñoz Molina (Morales Cuesta 33). Responde también a la tradición experimental de los años sesenta en España e Hispanoamérica (Rovira Soler 40–41). Un precursor catalán sería el Goytisolo de *Señas de identidad*. Otros serían Juan Benet, Luis Martín-Santos o Esther Tusquets, todos ellos albergados dentro de los anchos parámetros de la "nueva novela", estudiada por Servodidio (160). Sin embargo, no se trata de un estilo demasiado lastrado por la abundancia de referencias musicales y cinematográficas, como puede ser el caso de *Historias del Kronen*, de José Ángel Mañas, finalista Nadal el mismo año que *Azul* o de *Beatriz y los cuerpos celestes*, de Lucía Etxebarría (premio Nadal 1998).

La lectura de *Azul* se enriquece aún más con los epígrafes de Gerardo Diego, Joseph Conrad, Confucio, Cesare Pavese y William Shakespeare, aparte del título paratextual prestado de Rubén Darío. Siguiendo con la estela hispanoamericana, *Azul* está dedicada a Storni y algún lector podría interpretar esta novela como la historia de lo que le ocurrió a Alfonsina Storni, que después de una vida muy complicada se suicidó en el mar o fue lanzada a él por su marido (Delgado 134). El argumento de *Azul* podría interpretarse como una parte de la biografía de la poeta argentina, aunque con un final diferente. Sin embargo, Regàs afirma que su novela no tiene nada que ver con esa tragedia. Se la dedica "a Storni" porque éste era el nombre que ella le dio a un amigo suyo que le regaló las poesías de Alfonsina. El principio de intertextualidad no sólo es aplicable para demostrar que toda obra literaria es creada en referencia y por oposición a un modelo específico sino que, gracias a la presencia del lector activo, se re-crea el texto a veces con alusiones a pre-textos no conocidos por el autor o a contextos subconscientes del lector o el escritor. En este contexto se puede afirmar que la narrativa de Regàs prolonga una tradición literaria pre-existente.

Este *modus operandi* se repite en *Luna lunera*, título tomado de una nana que un chiquillo atormentado y desvalido escuchaba en el patio de la casa familiar, y en cuyo magnetismo inocente y alegre él depositaba las esperanzas de un futuro feliz. La esperanza generada por la nana es lo único que se salva en ese mundo donde unos niños aprenden a odiar.

El grado de compatibilidad de la narrativa de Regàs con las corrientes actuales de la novela española permite categorizarla como "novela histórica española" tanto como "novela testimonial" y "novela lírica", siguiendo la división establecida por Langa Pizarro (81-87). Técnica, temática y la variada inserción de elementos culturales lo justifican. Coincidimos con Genette (*The Architext* 65), por tanto, en que el objetivo de la literatura no es el texto sino el "architexto", interpretado como categorías transcendentales (géneros literarios, modos de enunciación y tipos de discurso, entre otras) que existen en cada texto individual.

1.2 Una mirada cinematográfica: "La nevada"

Con el análisis de este cuento queremos demostrar que en la narrativa de Regàs existe una mirada cinematográfica que enriquece su literatura. Este relato largo o novela breve de 36 páginas abunda en elementos visuales generados por la disposición de su estructura, por las técnicas narrativas empleadas y, en particular, por su cuidado estilo (Peña-Ardid 113). No hay referencias directas al cine (*corpus* referencial), como por ejemplo en el cuento "Hasta la vista, amigo", pero este arte constituye un elemento característico en la formación de Regàs del mismo modo que la arquitectura, la pintura, la fotografía y la literatura. La educación cinematográfica de esta escritora es similar a la de muchos otros como Cela, Delibes, Marsé, Llamazares, Rosa Montero o Ana María Matute, por sólo citar unos pocos (Jaime 329).

La literatura de Regàs no es cinematográfica en el sentido de que no utiliza la técnica fílmica del objetivismo, aquélla que rechaza la introspección y el pensamiento de los personajes y en la que suele predominar el diálogo. La voz del narrador no actúa en Regàs como una cámara que transmite hechos sin dar opiniones. En ello radica la gran diferencia entre el aparato cinematográfico y el punto de vista del "ojo" del narrador de Regàs. En realidad, su narrativa puede considerarse justo lo contrario del modo cinematográfico. Coincide el modo cinematográfico con el narrativo en la necesidad de un lector implícito, pues el lector o público ha de encargarse de dar sentido tanto al discurso narrativo como al cinematográfico, dilucidando lo que está omitido y dando sentido a metáforas, ironías, elipsis. El lector es quien convierte el espacio textual en texto. Como señala Martín Nogales sobre la influencia del cine en *Los cuentos de Ignacio Aldecoa*, "el narrador desaparece detrás de la cámara con la que capta la realidad" (199–200). La cámara narrativa en "La nevada" adopta a veces la perspectiva del personaje, sigue sus propios movimientos y se traslada con él de uno a otro objeto. A diferencia de la escueta imagen del celuloide, el ojo imaginario del narrador nos ofrece en pocas líneas una enorme riqueza de información. Esto ocurre sobre todo en las descripciones. Las dos primeras frases actúan como puente entre el narrador y el personaje. Desde la perspectiva de aquél se describe la tienda, en un movimiento de cámara que se va acercando a los objetos, pasando de la panorámica general al detalle, primero cada caja, después los metros de cinta, alambre, hilo de electricidad y tras éstos unos pocos metros de manguera para terminar con los comentarios del narrador. Es decir, cinematográficamente la representación visual de esta escena acabaría con un anciano espolvoreando una manga de riego, lo cual simboliza el estado inmaculado en el que mantiene su tienda, como una filigrana. Por la sucesión alternada de imágenes diversas queda clara la influencia de los métodos adoptados de la gran pantalla. "La nevada" se inicia con tomas panorámicas sin protagonista único: pueblo, nevada, navidad, mar, Café del Pósito. Se trata de imágenes sueltas, que ensambladas en el montaje de la historia forman las escenas de la narración. Este procedimiento se emplea con mayor o menor incidencia en muchos de los relatos de Regàs. Igual que en sus novelas, el narrador de "La nevada" transmite la historia como si fuese una pantalla de cine, donde se presenta "la película" una vez organizada en la sala de montaje. Para reflejar un determinado ambiente o plasmar una escena rápida, la autora dispone los elementos alternados, haciendo referencias breves a los personajes, al espacio o a pequeños detalles significativos. El proceder cinematográfico se refleja también en la sucesión de tomas diversas que sugieren el movimiento de la cámara de un objeto a otro (Martín Nogales 29). El clímax de "La nevada" empieza con el descubrimiento de las corvas de Camila en la siguiente escena (53–54).

El encuadre inicial es un plano general con Paramio antes de salir de su tienda. Ese encuadre se hace cada vez más concreto, en un movimiento de enfoque del objetivo, de modo que se especifica el tema erótico en pantalla, primero el cuerpo de Camila subida en una silla, luego el movimiento de su bata que facilita el descubrimiento de sus corvas; después, su mutismo y el estado de perplejidad en que permanece Paramio hasta que la lente vuelve a donde había empezado para tomar un respiro. En este nuevo movimiento de cámara el recorrido es a la inversa, yendo de los detalles más concretos hasta el plano general. La secuencia, breve pero clave por su fuerza sugeridora y desencadenante dentro del relato, se construye con rápidas apreciaciones de los distintos elementos que aparecen en la composición. Todo se reduce a un ensamblaje de varias tomas, que reproduce las técnicas cinematográficas (Booth 277).

En esta escena Regàs ha seleccionado los detalles más significativos, preocupándose especialmente de la escenificación y del ambiente, utilizando un tono inicial sugeridor de aparente normalidad: una silla, una bata y el movimiento de ésta contribuyen a romper la supuesta tranquilidad. Esta selección de detalles tiene que ver más con la llamada "novela realista" del siglo XIX que con una técnica del cine aplicada a la narración. El punto de vista que adopta la narradora indica que Regàs no es ajena al relato en tercera persona desde una perspectiva externa. "La nevada", con mayor abundancia narrativa que de diálogo, señala el predominio de una actitud subjetiva para contar la historia (*telling*), sin renunciar a una actitud objetiva (*showing*). No se rechaza la subjetividad narrativa. La disposición selectiva, las efusiones líricas, la búsqueda de valores connotativos y sugerentes, la utilización del estilo indirecto e indirecto libre, dan testimonio de la subjetividad de la narradora. Hay, por lo tanto, una basculación constante entre la objetividad y el subjetivismo.

El cuento no agota los datos posibles sobre la acción ni sobre los personajes. Muchos de ellos son eliminados o aparecen sugeridos. La inclinación de Regàs para sugerir más que para expresarse explícitamente cobra en su narrativa una especial importancia. La insinuación y la sugerencia, al igual que en los cuentos de Ignacio Aldecoa (Martín Nogales 214), son el recurso clave en "La nevada" y vienen cargadas de intención social. De ahí la descripción detallada del funeral, la cual sirve para presentar las condiciones de abandono en las que se encuentran ciertos grupos sociales, sin olvidar a Camila representante del estrato inadaptado que vive en tierra de nadie. Otra comparación que salta a la vista es con la novela *Te trataré como a una reina*, de Rosa Montero, en donde el crimen y su autor están descritos al principio, por lo que a diferencia de la novela negra (*thriller*, policíaca) tradicional, la pregunta a contestar ya no es quién cometió el crimen sino por qué. Por ello, la lectura es más bien una instantánea, una intuición que impresiona la imaginación del lector. La estructura queda así abierta, es más lo que se insinúa que lo que expresamente se cuenta. Y más que narrar un hecho lo que se hace es sugerir una situación de la vida de pueblo, de la mentalidad vetusta en la que permanecen sus habitantes.

A veces Regàs se detiene en algunos detalles marginales en la historia del cuento, por ejemplo, cuando Paramio sale en cuclillas de su casa ("La nevada" 46) o la descripción del local, en donde se detalla el contenido exacto de los cajones "como un emblema ordenado de lo que la tienda era y contenía" (49). Estos pequeños detalles contribuyen a crear el entorno en el que se encuentran los protagonistas, ofreciendo un ambiente propicio a la historia, como el hecho de salir a la calle y comprar un collar de coral, detalle que volverá a aparecer al final del cuento para cobrar su verdadero significado, cuando se descubre que el destinatario era Camila y no la esposa de Paramio. Estos pormenores dan la sensación de mundo real y humano. Los personajes no parecen moverse sobre un fondo blanco, en un escenario vacío o en un montaje artificial sino que se manifiestan viviendo en la realidad de cada día, a cuya creación contribuyen los detalles. El relato es una introspección en la nostalgia de un anciano, principal personaje del cuento.

1.3 Técnica impresionista

En las novelas de Regàs existe un gusto especial por reconstruir un tiempo y un espacio que afectan los sentimientos de manera que abunda lo íntimo y lo psíquico, rasgos característicos de la novela psicológica o intimista (Martínez Cachero 558). Este tipo de novela se puede catalogar como "novela impresionista" o como "novela lírica". Apartándonos del posible problema nominal, lo que nos interesa resaltar aquí es la técnica impresionista que Regàs emplea en parte por influencia del cine, aunque responde sobre todo al interés por ahondar en la realidad humana, abandonando los retratos superficiales para encontrar la verdadera identidad de sus personajes en su comportamiento, a diferencia del celuloide que en principio es sólo imagen. De ahí que la novela impresionista se aproxime a la lírica.

Para Gullón la novela lírica se produce como reacción a la novela realista, de la misma manera que el impresionismo en pintura surge como reacción a la fotografía. El arte impresionista busca los matices de la luz o la intensificación del instante frente a la creación de figuras realísticamente perfiladas según los módulos de una realidad que da cuenta detallada de la vida diaria (98). La novela lírica, por el contrario, tiende a incluir personajes de los considerados "héroes pasivos", que se dejan llevar, como los protagonistas de las novelas de Regàs, arrastrados inicialmente por un determinado ambiente. Esta técnica puede compararse con las descripciones de *La Regenta* (Rutherford 64) o con el lienzo impresionista que caracteriza la prosa lírica de Gabriel Miró (Gullón 98). Es más, podemos relacionarla con la poesía *novísima* de Ana María Moix (Bush 137). Se trata de una técnica impresionista que partiendo de un focalizador en constante movimiento que va cambiando para introducirnos en mundos diferentes.

Bajo esta luz se advierte que la narrativa de Regàs indaga sobre los aspectos más íntimos del ser humano como algo complejo que acabamos de conocer. De ahí la técnica impresionista de sugerir y de perfilar a sus protagonistas desde diversos ángulos, creando siempre una ambigüedad final. Desde esta perspectiva, la vida de los personajes transcurre paralela y entrecruzada con otras exigiendo una estructura narrativa caleidoscópica y una atmósfera a base de distintos sentimientos.

1.4 Estructura caleidoscópica

La descripción elíptica de la casa de Almator muestra claramente este proceso. Cada palabra o expresión transmite una imagen. Se trata de instantáneas sucesivas que componen un cuadro. El decorado total de la escena está creado a partir de imágenes básicas (bosques, campos, viñas, islotes) que se encadenan en una construcción sucesiva, elemento tras elemento. El lenguaje literario así construido condiciona la significación total. En el cine este sistema de expresión recibe el nombre de montaje (Jaime 43), lo que no quiere decir que la literatura de Regàs esté directamente influenciada por las películas, sino que pone de manifiesto que tanto el lenguaje literario como el cinematográfico obedecen a un mismo procedimiento: reproducir creaciones mentales mediante imágenes (Berg 271). La idea expresada por imágenes se estudiará más detenidamente en el capítulo dedicado a los símbolos.

La estructura caleidoscópica creada con técnica impresionista se repite en *Azul*, donde tampoco puede hablarse de descripción propiamente dicha, esto es, desarrollada en un pasaje específico, sino de pinceladas fugaces, dispersas. Por ejemplo, la isla no se describe de un tirón, van apareciendo datos, aquí y allá, sobre sus habitantes, la cueva azul o el clima. Todo ello acaba por componer una imagen auténtica de la atmósfera. Esta misma técnica se aplica a los protagonistas, cuya descripción se va detallando a medida que avanza la lectura. Cuantitativamente, lo descriptivo abunda en *Azul*. Un ejemplo de ello puede verse en el cuarto capítulo: Martín mata brutalmente a un perro por miedo, mientras es observado por la visionaria Arcadia. Los trazos descriptivos captan el ambiente caluroso de la isla produciendo una sensación de asfixia y temor que afecta a Martín en ese momento. Esta descripción, probablemente heredada de la novela tremendista española, sirve para explicar más adelante la conducta de Martín quien empuja a Andrea al mar en otro arrebato de miedo con intención de matarla. Otra vez aflora el tema de la novela los sentimientos humanos como algo complejo y no del todo discernible. Con estas dos escenas se evoca la personalidad de los seres humanos igualmente capaces de actuar con ternura o brutalidad.

En 1983 Regàs tradujo *Dr. Jeckyll y Mr. Hyde*, de Robert Louis Stevenson, lo que subraya su predilección por explorar la bipolaridad humana. Por otro lado, la estructura caleidoscópica está en la línea de la pintura de Caravaggio y sus seguidores, un arte de claroscuros, tenebrista, en la que suele darse una correspondencia entre estado de ánimo y paisaje. El lector percibe la atmósfera, teñida por la ausencia del personaje, como expresión de sensaciones propias de una situación dada por la creación del ambiente. La literatura se transforma en pintura, parece sugerir la escritura de Regàs, transmitiendo la mágica atmósfera que une a una mujer con la naturaleza hasta configurar un cuadro que permanece inacabado. El arte de la sugerencia, fomento de la imaginación, se relaciona con el principio de la estética de la recepción pues confía en la competencia del lector para darle un sentido final a cada obra artística.

En *Azul* cada secuencia se centra en un aspecto de la novela, la isla, un personaje o varios relacionados. A menudo se trata de una composición simultánea, pues diferentes secuencias transcurren al mismo tiempo. La suma de esas secuencias (52 en total), es como el conjunto de las "nubes" que componen el mundo de *Azul*. El resultado es un ir y venir de los personajes que el narrador va tomando, dejando y volviendo a tomar en diversos apuntes. Esto también contribuye a la configuración de la estructura caleidoscópica, ya que se trata de vidas paralelas y entrecruzadas. Así presentadas dichas vidas tejen una atmósfera de sentimientos diversos en una relación amorosa marcada por la confluencia de distintos ambientes. La unidad de la novela viene, ante todo, marcada por las múltiples relaciones entre los protagonistas, y principalmente por una sensación de claustrofobia, producida tanto por el Albatros como por la propia isla. Este ambiente asfixiante remite al lector a la España recién democratizada, saturada de vestigios franquistas como telón de fondo.

Cada secuencia de la estructura caleidoscópica suele indicar un cambio en el tiempo de la historia y cuando el narrador cuenta algún hecho adopta un ritmo más lento utilizando a veces palabras textuales de un personaje. Otras veces los cambios de puntos de vista dividen los acontecimientos. Esta forma de narrar convierte el argumento en un rompecabezas que requiere concentración. Que los personajes aparezcan apenas esbozados y que los acontecimientos sean desvelados lentamente dan a la novela una particular sensación de ambigüedad constante, de misterio, lo que acaso sea su principal atractivo.

1.5 La ambigüedad y el género de la novela policíaca

Al igual que en una novela policíaca, donde a menudo se cuenta al principio que ha habido un asesinato pero el asesino se descubre al final, en las novelas de Regàs la información relevante ya aparece en el primer episodio: "no es aire y sol lo que necesito sino simplemente que no me mientas" (*Azul* 41). La lectura entonces consiste en averiguar cuáles son las causas del misterio que normalmente está relacionado con un problema de desamor. La novela se convierte así en una vuelta hacia atrás para exponer cómo empezó la pasión. Esta retrospección, también conocida como analepsis (*flashback* o incluso *cutback*), es frecuente en la novela y el teatro contemporáneos y aparece como recurso habitual en el género policíaco (Reyzábal 50). Se trata de un tipo de novela negra que subyace en las novelas históricas de los años ochenta escritas por mujeres como Carmen Gómez Ojea o Paloma Díaz-Mas (Perriam et al. 67). La gran diferencia entre la novela policíaca y las novelas de Regàs es que las suyas no tienen un final cerrado. No sabemos qué les ocurrirá a los protagonistas más allá de la última página. El misterio del principio se desvela al final en una forma de juicio público del que el protagonista sale fortalecido.

La actitud del narrador nunca es tan relevante como la interioridad de los personajes. Los juicios de valor provienen siempre de éstos y nunca de aquél. La conducta de los personajes revela un compromiso, huida de Almator, vuelta al Albatros o maltrato del cadáver, lo cual implica una crítica social. Un ejemplo de este enjuiciamiento se ve cuando la protagonista está sola en su casa frente a todos sus vecinos agolpados ante su propiedad que le lanzan piedras e improperios porque la consideran culpable de la sequía en el pueblo. Ella sale valientemente para recoger a uno de sus perros que se había escapado con la algarabía y en ese momento de heroicidad nadie se atreve a insultarla, pues se dan cuenta de que ella no es culpable de que falte el agua. En *Azul*, este enjuiciamiento corresponde a la escena del juicio a los tripulantes del Albatros por el intento de asesinato de Andrea y en *Luna lunera* el maltrato del cadáver del abuelo por parte de sus nietos funciona como una forma privada de sentenciar a una persona que nunca había sido enjuiciada públicamente.

El juicio, público o privado, con que concluyen las novelas de Regàs definen su narrativa como ejemplo singular de literatura comprometida, aunque más que compromiso con la sociedad se trata de enaltecer el coraje individual. A pesar de este juicio o compromiso, cada historia queda inconclusa, con un "final abierto", heredado de la cultura romántica. Ésta, como han señalado Mainer (259) y varios críticos anteriores a él, confirió prestigio a lo inacabado y todavía pervive. Debido a la ambigüedad y alto valor simbólico, la narrativa de Regàs se caracteriza por un final donde termina el discurso pero no la historia.

1.6 Punto de vista y concepción del mundo

El punto de vista o focalización indica el ángulo de visión en el que se sitúa el narrador para contar la historia, tanto respecto a la persona gramatical (primera, segunda o tercera) como a su posición de narrador (omnisciente, protagonista, personaje secundario, personajes múltiple). La focalización determina la mayor o menor cercanía del narrador a lo narrado, el ritmo con que se relatan los hechos, la precisión con que se cuentan los sucesos y por ende señala la relación que se concretiza entre el narrador, lo narrado y el lector. Para analizar la focalización hay que empezar por distinguir entre "quién habla", el narrador y "quién ve", el focalizador (Culler 90). La narrativa de Regàs obedece al intento de crear una literatura a partir de una revolución integral que incluye el lenguaje produciendo "una literatura que no sea estado de ánimo sino disposición mental y forma de vida" (Lastra 32). Para analizar la focalización nos fijaremos en el comienzo de *Memoria de Almator* (14–15).

Lo primero que llama la atención es que se trata de un narrador protagonista que relata su propia historia. Concretamente la voz narrativa corresponde a la de una mujer, "a mí misma" (14), de quien sabremos casi todo excepto su nombre, un anonimato que se repite en otras obras y que obedece a la intención de sugerir y no definir. Se presenta una perspectiva doble mediante una alternancia de la voz narradora en tercera y primera persona del singular en un tiempo verbal pasado ("comenzó", "supe"). El receptor se sume de lleno en las sensaciones que transmite la protagonista. En este caso, la multiplicidad se manifiesta cuando el narrador muestra dos estados de ánimo de forma gradual: primero en pasado ("al principio no supe") luego en condicional ("debería haber desconfiado") y más tarde en pasado ("tomé el mensaje como un pequeño alto") refiriéndose a la euforia que le embarga al recibir la carta de "un viejo amigo", a quien irá rechazando progresivamente, lo cual ya se anticipa aquí. Estos sintagmas que indican arrepentimiento demuestran que la omnisciencia de la narradora en primera persona no es total y puede equivocarse ("quizá"). La voz señala que la historia que narra podría haber sido otra, con darle un toque de destino, azar y de permanente sorpresa a la vida. Por estar escrita retrospectivamente, los hechos no se narran al mismo tiempo que suceden sino haciendo memoria (14–15).

1.7 Omnisciencia selectiva, narrador-testigo o focalización interna fija

La narradora de Almator no se dirige al lector, salvo en la nota de advertencia que aparece al principio de la novela, un rasgo característico de la ficción decimonónica. Este punto de vista corresponde a la omnisciencia selectiva, donde la historia se conoce a través de un personaje único. Esta filtración de la historia mediante la sensibilidad de un personaje también se entiende como fluir de la conciencia. Aunque la voz principal es la de la narradora protagonista, ésta nos ofrece diferentes perspectivas de una misma identidad. Por ejemplo, el abuelo es visto de forma privada por la narradora, su nieta, y contrasta con la censura pública. Como personaje la narradora participa en los acontecimientos que cuenta pero también los comenta desde los márgenes. Un ejemplo de este tipo de retrospección se observa en su frecuente uso de los saltos hacia atrás en el tiempo, algunos de los cuales actúan como presagios de lo que ocurrirá a lo largo de la novela (155, 262, 472). Desde el principio la narradora-protagonista avisa que algo negativo va a sucederle en su estancia en Almator (21). De hecho, la única valoración positiva que se deduce de su temporada en el pueblo es el conocimiento que obtiene de sí misma, por el cual deja de ser una mujer pasiva para tomar individualmente todas las decisiones de su vida.

Henry James estableció la oposición entre *showing y telling*, equivalente a la propuesta por Platón entre mímesis y diégesis. En la mímesis el narrador finge ceder la palabra a sus personajes, tratando de imitar su modo de hablar, mientras que en la diégesis el narrador se pronuncia a cuenta propia sin fingir que es otro quien habla. Este último es el caso de la protagonista de Almator, aunque en una narración novelesca el narrador también es una criatura ficticia. La postura de la autora ante la historia y personajes de esta novela queda manifiesta a través de la narradora protagonista, la cual suele introducir numerosos aforismos que al final culminan a modo de tesis de la "posibilidad de mantener el recuerdo intacto, [porque] mejor es dejarlo quieto y no removerlo ni intentar recuperarlo" (469). Con esta idea se demuestra que *Memoria de Almator*

es una novela basada en la experiencia de una mujer repudiada por
su propia abuela y por el pueblo de sus antepasados. La novela es
el producto del resentimiento, testimonio personal de una mujer
maltratada, donde la abundancia de aforismos y digresiones no es
gratuita.

En *Luna lunera* volvemos a hallar un narrador-protagonista,
pero esta vez multiplicado por cuatro. Cuatro personajes relatan su
propia historia como si de una confesión se tratara. Este punto de
vista cuádruple corresponde a una "omnisciencia selectiva múltiple"
(Sullà 84), donde el lector no está escuchando, en apariencia, a nadie.
La historia le llega a través de los pensamientos de los personajes. A
diferencia de la primera novela, esta vez sí sabemos el nombre de la
narradora en jefe, Anna Vidal, quizá como homenaje a la niña que
escribió *El diario de Ana Frank*. No obstante, la identidad de Anna
Vidal no se descubre hasta mediada la lectura, cuando se hace evidente que la voz femenina le pertenece a ella que retransmite lo dicho
por sus hermanos y criadas, resultando así una voz múltiple. Los
cuatro nietos componen un personaje colectivo que se caracteriza
por vivir desperdigado en distintos colegios religiosos, alejados de
su propia familia. La tercera parte, a modo de conclusión, incorpora
un tiempo narrativo actual con la llegada de los nietos a la casa del
abuelo en Barcelona. Sin haberse puesto de acuerdo se dan cuenta
de que han acudido a la cita que todos estaban esperando para
"deshacerse del insoportable peso que su conciencia les obligaría a
arrastrar durante el resto de su vida" (*Luna lunera* 314–15).

A través de este colectivo recomponemos una memoria familiar que había sido mutilada por el silencio que imponía el abuelo.
En la escena final los cuatro niños protagonistas se funden en un
narrador omnisciente o yo oculto para, al igual que en otras novelas
regasianas, mostrar la riqueza de sentimientos de los personajes.
Las miradas así cruzadas se transforman en "discurso a doble voz",
concepto desarrollado por Elaine Showalter y señalado por otros
críticos como característica estructural que prevalece en las novelas
femeninas de formación o *Bildungsroman* (Riddel 68).

Esta nueva mirada es totalmente coherente con el pensamiento
feminista y, en concreto, con la estética expuesta por Gisela Ecker,

expresión de un imaginario que acoge los puntos de vista y los deseos de un yo femenino, renombrado en sus coordenadas sexuales y culturales. Regàs utiliza una manera de mirar que tiene mucho que ver con la perspectiva estrábica, una mirada bizca que nos permite ver el centro pero a través de la periferia.

Esta diferente forma de mirar es comparable al cine de Itcíar Bollaín y a otras obras como la novela corta *El Sur*, de Adelaida García Morales, donde también hay dos puntos de vista diferentes de una misma persona sobre hechos idénticos, a varios años de distancia: "al de la niña-adolescente le responde el de la mujer adulta. Luego se añaden otros, que los completan" (Jaime 246), lo que ya ocurría con *Die blechtrommel* de Günter Grass, cuya obra Noel Thomas analiza en un capítulo titulado "From the Perspective of a Child" (1–85).

Al final de la novela los cuatro protagonistas ya no son niños. El narrador colectivo se difumina en un narrador observador que ofrece los hechos tan fríamente como una cámara de cine desde una perspectiva múltiple, como es habitual en la narrativa de Regàs y en otros novelistas como Carmen Laforet. La doble perspectiva del narrador es un elemento clave en *Nada*. Esta perspectiva múltiple o visión cinematográfica propicia un planteamiento antimaniqueísta, cuya importancia reside en la memoria y en la imaginación como rasgos indispensables para la interpretación por ejemplo, de *Si te dicen que caí*, de Juan Marsé. La focalización interna variable en Regàs destroza el mito de los buenos *versus* los malos entre los combatientes de la guerra civil. De ahí la pregunta ¿podría esta muerte redimir su futuro?, es decir, el de los protagonistas ya adultos cuyas desgracias se acaban de narrar. En la novela el futuro se perfila incierto, todavía desconocido. Desde esta perspectiva múltiple la autora no se desprende por completo de su compromiso revolucionario, ya que el contenido del mensaje o concepción del mundo se centra en la observación siempre crítica de la sociedad del pasado y la actual. De principio a fin se obliga al lector a reaccionar ante esta visión tan objetiva. El dolor de unos niños maltratados, activado por la memoria de una infancia que les fue robada, lleva a reflexionar sobre el sufrimiento infantil.

1.8 Omnisciencia neutral, narrador observador o focalización interna variable

En "La nevada" el narrador va desmadejando sus recuerdos, revelando su pasado y sus reflexiones presentes. No hay apenas diálogo, la acción se limita a la monotonía diaria de las gentes del pueblo y las descripciones se centran en la naturaleza. En todo el cuento lo que importa es la nostalgia de Paramio Pont, en la que indaga el narrador omnisciente u omnisciencia neutral, entendida como "un dios caprichoso" (Anderson Imbert 61). La presencia de este narrador, ajeno a la historia que relata y al tiempo de la acción narrativa le permite una visión de conjunto para contemplar el pasado, el presente y el futuro de una pareja imposible. El punto de vista de los personajes viene a través de la perspectiva del narrador, ciñéndose a su mirada pero transcribiendo lo que ellos ven desde el ángulo en que están situados (Anderson Imbert 67–68).

Desde esta perspectiva, el narrador describe lo que va apareciendo ante los ojos asombrados de los personajes secundarios. El mismo procedimiento se utiliza para describir el desarrollo del funeral o las características sociales del Café del Pósito. Nos encontramos pues con un narrador que no es ajeno, indiferente, ni que contempla las escenas desde arriba, a vista de pájaro. Se sitúa al lado de los personajes, ve lo que ellos ven y cómo ellos lo ven. La perspectiva que adopta no es unívoca, alterna su mirada entre los puntos de vista de los diversos personajes. Los diálogos, sin embargo, pocas veces se reproducen directamente.

A diferencia de la primera novela de Regàs, la voz narrativa en *Azul* no es un yo protagonista sino un narrador omnisciente que habla en tercera persona del singular sin participar en la historia. No obstante, al igual que en *Almator*, se crea la sensación de que un yo-testigo controla la historia desde arriba. En realidad, el narrador es un testigo presencial. Los estados mentales y los escenarios se evocan indirectamente, como si ya hubiera ocurrido todo (todo se discute, analiza y explica), en lugar de ser presentados escénicamente como si estuvieran sucediendo en el presente.

Según Regàs, *Azul* es la historia de una mujer contada por un hombre que la ama y está fascinado con ella, de tal manera que el suceso se cuenta estrictamente como lo ve él. Martín dirige la trama y condiciona los pasos de Andrea para que ésta asista a la confección de la crónica que quería encontrar porque va poniéndole delante no la verdad sino aquello que Andrea creía que era la verdad. Martín funciona como una presunta máscara del autor implícito. Una mirada masculina fabricada por los ojos de una mujer aparece también en otras escritoras como Soledad Puértolas. Esta particular mirada explica las contradicciones y el desentendimiento que a menudo aqueja a los seres humanos. Al igual que en la primera novela de Regàs, se narra la epopeya en retrospectiva. La distancia temporal entre el narrador y la fábula fluctúa entre una narración ulterior y una intercalada, cuando alterna la gesta con su narración.

El focalizador se percibe en *Azul* a través de los ojos de un narrador cambiante cuyo sexo desconocemos. Este focalizador no es constante y se va multiplicando para introducir al lector en diferentes mundos. Así ocurre, por ejemplo, con los personajes de la isla griega filtrados a través de la conciencia de Pepone, que en determinado momento actúa como focalizador. La intromisión que se daba en la primera novela, a través de Manuela, se repite ahora en *Luna lunera* con las cuatro criadas. La voz intrusa añade una interpretación moral de los acontecimientos y personajes. Así, en una de las primeras escenas, las risas ofrecen una variedad de significados (*Azul* 19). Tanto Chiqui como Andrea sonríen, pero esta última lo hace para llamar la atención de Martín, mientras el primero lo hace siempre, estableciéndose así una diferencia moral entre ellas. La risa de Chiqui indica una simpatía innata mientras que la de Andrea está provocada por el mundo artificial en el que vive, se trata de "carcajadas de cristal" (*Azul* 19). De aquí se desprende a su vez que tanto el uno como la otra siguen las convenciones sociales y prefieren mantener su idilio en secreto. Andrea está casada y no quiere renunciar a la posición social privilegiada que disfruta en su trabajo gracias a su esposo Carlos. Martín, por su parte, se siente un extranjero en el mundo de Andrea, pero se resiste a perderla y hace lo que ella le dice, "un reclamo al que él no se negaba jamás" (*Azul* 19).

Los personajes están focalizados externamente, ya que no tenemos acceso directo a sus pensamientos ni emociones: "Chiqui reía siempre porque sí o por llenar un silencio que confundía con el aburrimiento" (*Azul* 19). Esta focalización muestra la ambivalencia de los personajes a través de sus acciones mientras contribuye al avance de la narración. En este caso concreto, la risa de Chiqui le recuerda a Martín las carcajadas de Andrea. Pero para el lector, la sonrisa de Andrea traiciona sus emociones. Ella ha cambiado, pues su sonrisa radiante había indicado que era una mujer relativamente feliz, mientras que ahora ha perdido el color, lo cual motiva el viaje. La anécdota de la risa se carga de significación simbólica como suele pasar en la "novela mítica", a lo James Joyce.

Finalmente, la importancia del objeto focalizado estriba en que gira alrededor de la figura de Andrea. El narrador nunca está seguro de lo que cavila su personaje, por eso pertenece al tipo que Anderson Imbert denomina "narrador observador" (62), diferenciándolo del narrador testigo, que usa la primera persona gramatical y es otro personaje más en la historia, como ocurría en *Almator*. En *Azul* el narrador observador (desde el cielo, insistimos en la relevancia de su título) ofrece una panorámica general del ambiente y del espacio donde acontecen los hechos, pero poco a poco va acercándose hacia los seres que más le interesan, como si de una cámara de cine se tratara.

1.9 Conclusión

Una de las principales características de la obra de Regàs es la índole polifónica de la voz narrativa. Este capítulo ha mostrado la multiplicidad de voces autónomas, un narrador protagonista que narra la historia alternando entre la primera y la tercera persona, cuya omnisciencia no es total, y una técnica impresionista basada en el matiz y la sugerencia. Incluso cuando hay una voz única, ésta se dispersa en múltiples ángulos. Regàs presenta una visión total que se refleja en los distintos órdenes narratológicos aquí analizados, como el principio de intertextualidad que revela el carácter multidimensional de su obra, en donde el lector es fundamental a la hora de interpretar el texto. Con la estructura caleidoscópica se fomenta la imaginación, especialmente en los finales abiertos de novelas y cuentos. Los juicios morales y sociales se achacan a los personajes manteniéndose la neutralidad del narrador. Esto no significa que la narrativa regasiana carezca de mensaje, pues la conducta de los personajes implica compromiso y crítica social. La abundancia y minuciosidad en el detalle remite a la literatura barroca. El resultado final es una manera de narrar que oscila entre la literatura anterior y la actual.

Capítulo 2

La estética de Regàs: una forma de simbolismo

El propósito de este capítulo es analizar la estética de Regàs, caracterizada por un simbolismo que otorga pluralidad de significados a su escritura. Entendemos por simbolismo la técnica fundada en el arte de la sugerencia, al servicio de un modo de exploración o penetración trascendente y de un correlativo método de conocimiento (Murray 157).

2.1 El neo-simbolismo de Regàs

Entendemos por simbolismo dos cosas distintas pero complementarias (Jiménez 112). La primera definición consiste en una técnica fundada en el arte de la sugerencia, al servicio de un modo de exploración o penetración trascendente y de un correlativo método de conocimiento. La segunda acepción califica el simbolismo como un vasto movimiento cultural que surgió en Francia y se extendió al resto de Europa y América a finales del siglo XIX y principios del XX. Este movimiento implicaba una determinada visión del mundo. En literatura se caracterizaba por la utilización predominante del símbolo y la búsqueda de musicalidad en el lenguaje poético. Se ha dicho del simbolismo que es una "mezcla" o armonía de varios elementos que proceden del romanticismo, entre los cuales destacamos el decadentismo, el esteticismo y el idealismo (Lehmann 306–07).

Basándonos en la concepción del simbolismo como mezcla, podemos afirmar que *Azul* o "La nevada" son títulos simbolistas porque no se refieren sólo a un espacio o fenómeno atmosférico sino a estados del alma de los protagonistas. "La nevada" parece congelar y momificar la narración como metáfora de la descomposición y derrumbamiento de Paramio en el ámbito de su pueblo vetusto. Este anciano adolece de una particular enfermedad "un dolor más abismal, como perforación que en lugar de hurgar en el corazón se adentrara directamente en el alma" (48). Esta caracterización implica que su relación con la joven Camila obedece a una sensibilidad enfermiza o morbosa. La metáfora de la nevada se amplía al blanco rostro del protagonista desde que ve las pantorrillas de la joven hasta su muerte, cuando su cara queda cubierta por la nieve. Regàs ha evocado aquí una sensación a través de su simbolización paisajística que se incrementa cuando la narradora da detalles del mundo personal del protagonista como su obsesión con el cuidado de la tienda, la cual llega a simbolizar su ordenada forma de vida, es decir, nieve = estado inmaculado.

El paisaje se constituye así en símbolo cuya principal función es descubrir la realidad de un pueblo a través del alma de uno de sus habitantes. La simbolización del paisaje se puede comparar con la de Esther Tusquets en su volumen autobiográfico *Siete miradas en un mismo paisaje*, o en su primera novela *El mismo mar de todos los veranos*, donde la protagonista inicia una agonizante búsqueda de su yo auténtico, enterrado en los mitos de la infancia y la adolescencia (Servodidio 161), búsqueda que también se produce en la primera novela de Regàs. En ambas autoras la mirada recae en un paisaje que es símbolo del alma, del tiempo y del espacio, sustancia creadora e instrumento de conocimiento. En última instancia representa la visión que la escritora tiene del mundo.

Pasamos a examinar los recursos simbólicos que están en consonancia con el concepto expuesto por Anna Balakian, quien encuentra la esencia del simbolismo en elementos dominantes y constantes como la ambigüedad y el espíritu "decadente" (127).

2.2 La ambigüedad de ideas y estructuras

Una de las características definitorias del símbolo es su ambigüedad. Como ya destacamos en el primer capítulo, la técnica literaria de Regàs está marcada por un fuerte lirismo donde abunda la sugerencia a modo de cuadro impresionista, de tal manera que su narrativa resulta ser indecisa y polivalente. Ella misma se manifiesta a favor de la ambigüedad, llegando a afirmar que la tarea principal del intelectual es crear la duda.

En la obra de Regàs existe una ambigüedad constante tanto en la estructura como en el lenguaje y los temas, casi todos relacionados con los sentimientos. Se trata de una ambigüedad en torno a la sentimentalidad que permite relacionar su narrativa con la "posibilidad de una novela poética" (Baquero Goyanes 69). Su prosa está construida con un lenguaje cotidiano que utiliza expresiones dialectales de la jerga rural catalana (*Memoria de Almator*), marinera (*Azul*) o infantil (*Luna lunera*), matizada por pinceladas impresionistas que se concretizan en el pasado, la infancia, sobre todo, para configurar lo que podemos denominar narrativa poética de los sentimientos.

La ambigüedad regasiana de ideas y estructuras se manifiesta tanto a través de los personajes como del paisaje. Valga como ejemplo la secuencia de *Azul*, cuando Martín es conducido de la mano por una desconocida. Allí, después de pasar una noche donde "apenas pudo reconocer el escenario", se levanta "como si sólo estuviera en ese lugar con parte de sus sentidos y otra parte hubiera salido de la casa para abrirle el camino" (153). Esta escena representa la infidelidad de Martín a Andrea durante su corta estancia en la isla griega, pero ignoramos cuál es el motivo exacto que le condujo al adulterio. Este hecho cobra mayor relevancia cuando queremos definir a Martín. Moralmente su actitud hace pensar que es una persona débil e impredecible, al contrario que su mujer Andrea, pero ambos tienen una personalidad indefinida que remite a la bipolarización ideológica de los personajes propia de la novela decimonónica. La escena descrita crea dudas en el lector pero, a partir de esas dudas, se puede elaborar una interpretación personal de la obra, según la perspectiva de cada quien.

Una de las últimas imágenes simbólicas en *Memoria de Almator* es la que proyecta la protagonista cuando decide cortarse la trenza. Más que símbolo visual constituye una acción simbólica que manifiesta dramáticamente su cambio de vida, sea o no ella consciente del valor metafórico del pelo cortado.

La ambigüedad permea todo el texto, manifestándose con expresiones como "no puedo decir", "yo creía", "o quizás me dejé llevar", "o me abandoné a un impulso indescifrable. No sé" (455), hasta llegar al final de cada novela o cuento, donde la narradora amplía la idea de ambivalencia con un nuevo efecto poético. Lo mismo ocurre con las palabras finales del último cuento de *Pobre corazón* (241). En definitiva, se trata de una ambigüedad cuya originalidad reside en matizar las emociones, los movimientos, los diálogos y los escenarios.

Superadas las desorientaciones que los han abatido, los personajes finalmente elucidan su personalidad. Entre líneas se percibe un sentido de la justicia que responde al principio estético y ético de Regàs al insistir en mostrarse siempre ambigua en el desempeño de su tarea de escritora. En su obra se encuentra una inequívoca, aunque implícita, crítica hacia todos aquellos personajes reaccionarios cuya actitud pasiva o autoritaria deja de ser ambivalente en el mismo momento de su acción. Mediante la ambigüedad narrativa se les critica cada vez que actúan.

El culto regasiano a la ambigüedad no equivale a anarquismo irresponsable, no es una de las formas post-estructuralistas que, según Terry Eagleton, representa una renuncia hedonista de la historia (150). La ambigüedad de Regàs es una forma de pensamiento crítico contra el totalitarismo exacerbado de algunos personajes. Tal es el caso de los abuelos de la primera y tercera novela, de Leonardus y hasta de Andrea alguna vez. La doctrina neoliberal que domina actualmente el mundo subyace criticada tanto en sus artículos como en sus novelas. Frente al pensamiento neoliberal o individualismo de la desesperación, representado por las figuras del Tarugos, el holandés y el político en *Memoria de Almator*, la narradora se diluye en ambigüedad, dotándoles de destinos diferentes e inesperados a estos tres personajes. Se trata de la misma ambigüedad que en la

"La nevada" rodea el suicidio de Paramio, esposo decente y fiel, republicano, de quien nunca sabemos si se suicidó por amor a su esposa o todo lo contrario. Cuesta imaginar cómo continuaría la historia en este cuento, pues, como suele suceder en la narrativa regasiana, la ambigüedad está siempre presente como rasgo característico del símbolo.

2.3 El simbolismo del paisaje embrujado o distorsionado

Como la pintura paisajística, la narrativa de Regàs casi siempre comienza con una descripción evocadora del entorno. Éste se convierte en clave del texto a la manera de elemento telúrico, donde la luz, la atmósfera y el color cobran gran valor simbólico. En un escenario de luces y sombras se sitúan los protagonistas quienes viven en un mundo oscurecido por un pasado que necesitan esclarecer. Buscan una luz interior que dé sentido a su vida. La iluminación exterior del sol y la luna funciona como luz esperanzadora. Las connotaciones asociadas con la luminosidad en los cuentos de *Pobre corazón* generalmente son de esperanza, nueva vida y felicidad las cuales pueden verse, por ejemplo, en "Los funerales de la esperanza". La luz se convierte aquí en la idea central del cuento, en donde el funeral del marido y la presencia de su hija representan dos luces en la vida de la protagonista, Julita, una mujer que ha ansiado la muerte de su esposo desde el primer día de su matrimonio: "comencé a considerar qué potente rayo de luz sería su muerte para mí vida" (150). Mientras tanto su hija Marisol hace gala de su nombre y es descrita por su madre como "una luz en mi vida" (155).

En "El sombrero veneciano" la luz actúa casi como un aviso del destino a una pareja que acaba de conocerse en un tren y que, deslumbrados por su conocimiento, entreven un rayo de claridad y esperanza en su brevísima relación. Si las atmósferas creadas en los dos cuentos mencionados indican paisajes diferentes, tienen en común la luz. Luz que en el primer caso representa el deseo, la esperanza y el sueño de Julita de asistir al funeral de su marido, mientras que en el segundo cuento "un rayo de sol" simboliza la esperanza de una nueva relación.

En *Memoria de Almator* la protagonista, recién separada de su marido, acude al pueblo de su infancia para recibir una herencia, pero sobre todo con la idea de emprender una nueva vida y rememorar sus momentos de mayor felicidad. No va allí para explicarse acontecimientos de su niñez que no había entendido en su momento, como la tarde en que su padre se la llevó debido a turbias disputas familiares. Sin embargo, desde que llega a Almator salen a la luz, convocadas por la memoria, premoniciones, objetos inexplicablemente desaparecidos, gallinas y perros muertos, plagas supuestamente enviadas por fuerzas misteriosas. En la oscuridad la protagonista trata de buscar una luminosidad interior: "¿Por qué veía ahora zonas de sombra donde antes no había más que luz?" (347). Esa luz es una metáfora de lo que fue el destino de su familia truncado por el autoritarismo del abuelo. Una luz que, como en su *Viaje a la luz del Cham*, simboliza un país y una continua búsqueda de la verdad en lo oculto. Embrollada por una realidad opaca, la protagonista descubre la verdadera razón que ha eclipsado su vida: "el mensaje de ultratumba" (*Memoria de Almator* 442) de una abuela nacionalista que le ha dejado la casa como venganza. En la bolsa de terciopelo negro donde la abuela guardaba su eucologio, la protagonista descubre la identidad soterrada de su familia. Se da cuenta de que ella es la hija de un padre republicano y una madre que murió al darle a luz, hecho que nunca le fue perdonado a su padre. Éste nunca había sido bien recibido por la familia de la madre, los abuelos de Almator, porque carecía del *status* social que ellos deseaban para su única hija.

En forma de símbolo, la protagonista de *Almator* descifra el mensaje de la herencia familiar: "había llegado a su destino el mensaje de odio y rechazo que había tardado un cuarto de siglo en redactar" (441). Aquellas inexplicables fuerzas oscuras que la atormentaron desde que llegó a Almator se entienden ahora por el hechizo de la abuela. La casa solariega, la avenida de plátanos, las calles, las glicinas, el pozo, el huerto, el gallinero y Almator, en general, conforman la historia de un silencio familiar. En el pueblo todo es tenebroso hasta que la protagonista desarraiga las raíces de su familia y opta por abandonarlas. En ese momento se da cuenta de que siempre recordará Almator como un símbolo de su alma. El juego entre el valor fónico de *alma mater* y Almator sugiere que el paisaje de su infancia, impregnado de luz y aire, sobrevivirá en su alma como un motor, a pesar del desengaño sufrido durante su segunda estancia.

El "suave paisaje" es lo único que permanece en el recuerdo de la protagonista "hasta después de la muerte" (*Memoria de Almator* 483). La imaginería que podría interpretarse en términos psicoanalíticos (según Freud, Lacan o Althusser) no se refiere a la casa de su abuela o al gallinero que tantos disgustos le reportó, sino que alude a elementos abstractos como el "aire transparente" y el "suave paisaje" formado por "higueras y almendros y mimosas" (483) que forman parte de su alma, como algo indivisible de su cuerpo. El paisaje de Almator se constituye en un símbolo que representa una especie de caja de Pandora. Al final la protagonista dirá a su criada Manuela que ella "no [tiene] antepasados" (478), rechazando así cualquier posible determinismo que pudiera generar el entorno.

En *Azul* también aparece esta simbología e imaginería psicológica de un paisaje omnipresente capaz de escindir el mundo en dos realidades diferentes. La una, una historia pasada que constituye un paraíso perdido, como la infancia en *Memoria de Almator*, aquí se corresponde con la historia de amor entre Andrea y Martín simbolizada por la embarcación Manuela. La otra, una historia actual que transcurre durante el crucero por el Mediterráneo en el barco Albatros, que acaba por accidente en una isla griega, cuya influencia resulta determinante en la vida de los protagonistas. Solamente dos días en ese nuevo y misterioso lugar servirán para que Andrea y Martín descubran el dolor y el poder corrosivo de un amor irreprimible. La imaginación literaria encuentra en las islas un espacio virginal donde es posible hacer que exista lo anteriormente inédito.

El embrujo de un paisaje hipnótico afecta la vida de los protagonistas en diferentes momentos. Primero, la embarcación Albatros pierde el rumbo y tienen que parar en esa isla casi deshabitada. Luego, Martín es un hombre pacífico que, sin embargo, mata salvajemente a un perro. Más tarde, dando un paseo nocturno,

Martín ve a una mujer desconocida que extrañamente lo lleva de la mano hasta su casa. Después sale de allí sin saber por qué entró. Finalmente, Martín intenta asesinar a su propia esposa arrojándola al mar y, como sucedió con el perro, no se explica por qué lo ha hecho. La isla y el mar ejercen, pues, un poder misterioso en los protagonistas. Las palabras finales de la novela recapitulan la importancia de un constante paisaje influyente que culmina en una chispa lírica de gran efecto y ambigüedad. Una "isla embrujada" capaz de distorsionar la realidad y enloquecer momentáneamente a los personajes es una isla que representa en ese viaje no el amor accidentado sino "el marasmo de dolor del mundo" (237).

El paisaje vuelve a constituirse en símbolo que acompaña a los protagonistas como el meollo del alma misma. Sin embargo, se puede argüir que el hechizo de la isla no es lo que cambió (embrujó) a Martín sino la imagen de una mujer que vio a lo lejos y le recordó a otra que había conocido anteriormente, vislumbrado un tipo de vida que le hubiera gustado llevar. El supuesto determinismo del paisaje queda invalidado así cuando, al final, los protagonistas "quisieron convencerse de que aquellos dos días no habían sido más que un descalabro, una distorsión, el crecimiento incontrolado de unas células que habían enloquecido sin motivo ni fin aparente" (237). Al igual que en *Campos de Castilla*, de Machado, el paisaje es objeto de percepción directa, y acto seguido de pensamiento. Hace que el contemplador, olvidado de sí mismo, se concentre en lo contemplado. El viejo propósito machadiano de soñar con los ojos abiertos se cumple en la prosa de Regàs.

Los protagonistas de *Luna lunera* viven en un mundo distorsionado, no por determinismo del paisaje sino por el mundo aparte que crea su abuelo. Al igual que en *Memoria de Almator*, se encuentra la escenificación de una vivienda algo encantada, donde transcurre la mayor parte de la historia. La simbolización del paisaje se centra en la casa del abuelo que representa el mundo cerrado y oscuro donde se criaron los cuatro hermanos. Este tipo de hogar se repite en los cuentos "La farra" y "Los funerales de la esperanza", donde la atmósfera opresiva es metáfora de aprisionamiento en la propia morada. Los niños de Almator sufren continuos castigos por parte del viejo, que se cree un enviado de Dios. En este oscuro escenario, apenas existe "luz" que no esté controlada por él. La única luz exterior proviene de las criadas quienes desafortunadamente admiran al viejo. Por las conversaciones y canciones de ellas, los niños gradualmente comprenden por qué están bajo la tutela de su abuelo. En términos psicoanalíticos se trata de una imaginería cuyo orden simbólico está representado por la figura patriarcal de un anciano detestable que permanece en la memoria de sus nietos impidiéndoles construirse una identidad coherente.

La nana "Luna lunera cascabelera", que remite a García Lorca, a quien Regàs menciona explícitamente en *La canción de Dorotea*, simboliza la búsqueda de otra realidad. Los cuatro niños desean la muerte de su abuelo por haberles oscurecido la infancia. Esa infancia no vivida se convierte así en un mito. Cuando el abuelo muere, ellos ya son mayores y no saben de qué manera vengarse. Justo antes del funeral los cuatro están solos en una habitación con el cadáver. En un arrebato de ira maltratan al abuelo muerto, pero se dan cuenta de que han crecido estigmatizados por la imagen indeleble de una persona cruel, aunque el resto del mundo lo considere un "santo". El último párrafo de la novela demuestra una vez más la importancia del espacio como elemento co-sustancial en la vida de los protagonistas, donde el contexto de la naturaleza simboliza también su estado de ánimo (330–31).

Estos ejemplos prueban la afirmación de Saussure de que "el símbolo tiene por carácter no ser nunca completamente arbitrario; no está vacío" (131). El simbolismo del paisaje resulta vital para comprender el argumento y a los personajes. El hecho de que muchas de las protagonistas de Regàs no tengan nombre las hace más accesibles, porque su anonimato ayuda al lector a sentir empatía con ellas. Además, estas mujeres anónimas refuerzan el carácter simbólico de la narrativa ya que constituyen también símbolos de personas reprimidas en cualquier clase de situación u obsesionadas por algo ocurrido en la infancia o hace ya mucho tiempo.

En definitiva, tanto Almator como la isla griega y la ciudad de Barcelona comparten una misma simbología basada en el paisaje que actúa como la quintaesencia del aquí y del ahora. Simbolizan un espacio embrujado que debería ser desterrado de la memoria, pero que a los protagonistas les resulta difícil olvidar porque ha afectado considerablemente su vida. Así, el "suave paisaje" de *Memoria de Almator*, la "isla embrujada" de *Azul* o la "luna invisible" de *Luna lunera*, constituyen símbolos que definen a los personajes. Cualquier paisaje puede resultar determinante, parece decir Regàs con esta particular simbolización del espacio. En lugar de representar un ambiente natural controlado por el ser humano, ella crea un mundo amenazante que actúa sobre los individuos, aunque al final son ellos quienes vencen posibles determinismos. El desencadenante del trauma empieza con el embrujo de un lugar como *locus horribilus* (Almator, isla, casa, nevada, encierro...), pero al final, el maleficio se encuentra en el interior de los protagonistas.

2.4 Uso simbólico de la naturaleza: *Desde el mar*

La naturaleza está siempre presente en la narrativa de Regàs con valores diferentes en cada obra. Unas veces aparece como fondo para la descripción, con matices poéticos (*Luna lunera*); otras como símbolo de la situación ("naufragio" en *Azul*) o como una muestra de la compenetración entre persona y naturaleza, de la que aquélla es un elemento más (*Memoria de Almator*). En "La nevada" el ambiente gélido de la descripción refuerza el estado de los personajes. En la creación de Paramio la nevada está presente como trasfondo, símbolo de una vida congelada que, con la llegada de Camila, empieza a resquebrajarse. La naturaleza se convierte simbólicamente en un anuncio del drama al que parece abocado el pueblo. Como en las formas literarias del romanticismo, la naturaleza participa de la acción y refleja los sentimientos de los personajes. La nevada tuvo consecuencias funestas en la industria del pueblo "que ya no volvería a renacer" (78). El paralelismo entre la naturaleza y la acción narrativa es evidente. La naturaleza adquiere una función simbólica del desarrollo de la acción.

El fenómeno meteorológico de la nevada, en el cuento de dicho título alude a la Navidad para romper el mito de considerar esta época del año como período familiar entrañable, blanco y desexualizado. Se la desmitifica transformándola en fiesta pagana. La nieve puede interpretarse también como expresión de la soledad humana o símbolo de la muerte, según se ha estudiado en otras literaturas como la francesa (Audiberti 83–84) o en el cuento "The Dead" en *Dubliners* de James Joyce, en el que el simbolismo genera al final una parálisis moral *in excelsis* (Jackson y McGinley 198). No extraña entonces que Regàs repita un final desolador con la imagen de la nieve como símbolo estético (paisaje) y ético (muerte) a la vez.

Si el color blanco en el paisaje de "La nevada" está cargado de simbolismo, también lo está el azul, ya sea como elemento decorativo o como símbolo de reflexión y de expresión visible de sensaciones e imaginación. La utilización del color en su función simbólica es un hecho estilístico constante en los modernistas, constituyendo el azul el color modernista por excelencia. Regàs arrastra el sustrato de simbolistas y modernistas cuando utiliza el azul como símbolo del mar. Éste es el color que, según la mitología clásica, significa la fidelidad (Humbert 300), lo cual subraya el tema de *Azul*. Esta novela es un homenaje a la literatura marítima. Remite a Alfonsina Storni, Gerardo Diego y Joseph Conrad, todos ellos escritores simbolistas a quienes Regàs dedica la novela.

Sus protagonistas pasan por un período de indecisión, pero al final consiguen renacer de nuevo, muchas veces gracias al influjo del mar. El mar es el símbolo de la dinámica de la vida. Todo sale de él y a él retorna; es, por lo tanto, lugar de nacimiento, de transformación y de regeneración. Agua en movimiento, el mar simboliza estado transitorio, situación de ambivalencia, de incertidumbre, de duda y de indecisión. Un ejemplo de estado transitorio se ve en *Memoria de Almator*. La protagonista suele ir en busca del mar para encontrarse con su amante. El mar representa su escape hacia otra realidad, más agradable que la que vive en el pueblo: "y más tarde junto a otro mar, más espacioso y libre y más capaz de enfurecerse que el plácido mar de nuestras costas" (165). Parecida significación tiene el mar en *Luna lunera*, donde los niños creen vivir una realidad diferente cuando van a la playa, "incluso el paisaje parecía distinto del que teníamos delante cuando nos dirigíamos al mar" (127).

El mar simboliza el mundo y el corazón humano en cuanto sitio de pasiones, como se ve en *Azul*. Esta obra puede considerarse una novela sobre el mar que reproduce los continuos movimientos del amor, lo inaprensible. Buena parte de la historia transcurre a bordo de una embarcación, el Albatros, que viaja por el Mediterráneo. El mar, del que ya decía Conrad que es "incierto, arbitrario, impávido y violento" (García Ríos 10), representa el escenario de la aventura real y la ficticia. A veces ambas se confunden y de ello surge el mito y su lenguaje, es decir, la literatura. Ése es el caso de Andrea y Martín, la pareja de *Azul*, junto con el patrón que suele repetir "¡lo importante no es vivir, lo importante es navegar!, bramaba Leonardus" (19). El mito de la relación amorosa se explica por la pasión de los primeros años, localizada sobre todo en la barca Manuela, y por la extraña convivencia en el Albatros, desde donde Martín arrojará a Andrea al mar. Ésta no le culpa de intento de asesinato. Los sucesos desfiguran lo que realmente define su amor, una profunda pasión que los arrastra a realizar actos impensables, como si estuviesen imbuidos por la influencia de ese mar y esa isla, lo que da a la novela una dimensión misteriosa, mítica, que la hace más poética.

Como la fábula alegórica de Proteo, el viejo hombre del mar, esta historia nos enseña que aquéllos empeñados en desentrañar los secretos de la naturaleza, en profundizar los problemas de las artes y de las ciencias, en llegar al conocimiento de la verdad, han de consagrarse a ello con decidido entusiasmo y sin dejarse abatir por los obstáculos, como hacen Martín y Andrea. En el lenguaje cotidiano la palabra "proteo" se usa en sentido contrario y con ella designamos un hombre voluble, inconstante, ambiguo, que cambia de opinión a cada momento (Humbert 101). La lectura de *Azul* queda finalmente sujeta a interpretación individual.

Si tuviera que captarse con sólo tres palabras el mundo literario de Regàs, éstas serían el lenguaje, el alma y el mar, las mismas tres palabras que Bollinger utiliza para referirse a la obra de Esther Tusquets, donde anota que el mar constituye una presencia fundamental en su narrativa: "[c]omo realidad que determina la vida, que acuña tanto a las personas como también a la ciudad de

Barcelona; igualmente como metáfora de liberación, de erupción... y de estancamiento" (47).

2.5 Símbolos visuales: "La nevada"

Mediante el uso de imágenes simbólicas las historias se convierten en alegorías y en parábolas de la vida humana. Los personajes de Regàs tienen en común su desgracia solitaria. Les resulta difícil alcanzar la felicidad con lo cual se destaca la incomunicación, el desamparo, el fracaso y un cierto fatalismo de la condición humana. La soledad de Camila queda simbolizada como un eco de intrínseca orfandad, cuando al final huye del pueblo sin tener "la conciencia exacta y clara de lo que había ocurrido" ("La nevada" 79). Esta escena queda como un cuadro simbólico de ignorancia. El tema de los sentimientos y el desarraigo aflora de nuevo, repitiéndose estas acciones simbólicas al final de cada narración, actuando a modo de *catarsis* que hacen al lector psicológicamente más sano y, por lo tanto, más cercano a la felicidad.

"La nevada" tiene un valor alegórico notorio en la figura de Paramio, como epítome del "revolucionario" frente a la lánguida rutina de la gente anquilosada de su pueblo. Su funeral constituye una poderosa imagen simbólica que recuerda la Biblia, aunque se añaden otros elementos de carácter existencial, realista y hasta humorístico.

La función esencial del símbolo es evocar lo que no puede ser nombrado, según explica Jung: "symbols are not signs or allegories for something known; they seek rather to express something that are [sic] little known or completely unknown" (222). Regàs evidentemente escribe sobre las complejidades de la condición humana a base de símbolos. El ataúd de Paramio simboliza, como la cruz de Jesucristo, renovación, liberación y redención. Esta particular simbolización es comprensible únicamente en cuanto ambos tuvieron un funeral multitudinario, que la narradora retrata incorporando una serie de imágenes como la luz de las velas, las canciones y la asistencia de personas de diferentes capas sociales. Se trata así de una detallada agrupación de elementos que, unidos recuerdan el *Via*

Crucis. La analogía bíblica se subraya con la presencia de Camila acudiendo de incógnito al funeral, como hiciera María Magdalena. La muerte de Paramio se asocia también con el tema del amor en un simbolismo ya practicado por Apollinaire, Montale, Lorca, Yeats y Rilke (Porter Houston 232).

No hay duda de que los lectores simpatizamos con el pobre Paramio, cuyo suicidio es consecuencia de un amor no correspondido. La narradora termina el cuento con un alcance alegórico más generalizado: ha desaparecido un anciano con deseos sexuales, pero no Camila-María Magdalena, esa mujer "oculta entre las sombras" ("La nevada" 79) que simboliza las ilusiones, las fantasías y las esperanzas de los hombres. Camila va al entierro de Paramio por agradecimiento a la sensibilidad con que la había tratado.

2.6 Formas de la alegoría infantil: el paraíso perdido como mito

La vuelta a Almator como refugio para empezar una nueva vida se convierte en la pérdida del paraíso para el personaje principal de la novela, quien pronto se da cuenta de que se trata de una "mítica solución" (126), puesto que el paraíso no existe. El paraíso perdido está representado aquí por la herencia de la abuela, una casa en Almator donde ella pasó su infancia, símbolo de su pasado ya inexistente. La analogía Almator = infancia = paraíso perdido funciona en la mente de la nieta como alegoría, "mítica solución". Al principio simboliza una felicidad remota y desaparecida, pero después de año y medio, sólo significa el lugar de su infancia, donde no se debe volver si se quiere mantener intacto el recuerdo feliz de aquellos años.

La novela toda es una alegoría de la búsqueda de la humanidad básica del hombre en la Tierra y de la (des)orientación de la persona moderna. La mujer de *Almator* busca sus orígenes, especialmente a su padre, pero sólo encuentra desilusión y rechazo, lo cual dota a la novela de una dimensión mítica con la aparición de motivos universales y arquetipos tales como el descenso a los infiernos, la búsqueda de los orígenes, el amor no correspondido, el fracaso y el fatalismo.

En *Azul* el paraíso perdido está representado por dos elementos, la isla griega y la embarcación Albatros. El Albatros simboliza el amor perdido, pero para entender esta simbolización hay que tener en cuenta la metaforización de la barca Manuela (*Azul* 80). La Manuela simboliza el amor en su fase de pasión, mientras que el Albatros representa el paraíso perdido de aquel amor. La isla griega viene a ser otro paraíso perdido, pues representa un espacio separado del resto del mundo, "aquel pedazo de tierra olvidado" (*Azul* 10) que, además, funciona como alegoría. Pronto descubrimos que una isla no es siempre símbolo de felicidad. Aunque los protagonistas terminan reconciliándose, Martín comete adulterio e intenta asesinar a su esposa en ese lugar supuestamente paradisíaco. Allí la pesadilla que lo tortura desde la infancia alcanza su grado máximo.

En *Luna lunera* el paraíso perdido también se corresponde con la infancia. A diferencia de *Memoria de Almator*, donde la niñez fue una fase feliz y, por tanto, un paraíso que se pierde, en *Luna lunera* la infancia constituye un infierno, a causa del abuelo que les negó "para siempre [ese] paraíso" (*Luna lunera* 314).

La analogía infancia = paraíso perdido se invierte para demostrar que, aunque todo el mundo merece una niñez feliz que lo forme para el resto de la vida, no siempre es así. El paraíso perdido aquí equivale a la ilusión de los cuatros niños por un mundo mejor que, paradójicamente, les llega con la muerte de su abuelo (*Luna lunera* 314). Adentrarse en el paraíso perdido de estos niños significa descubrir otra realidad más cercana y más fácil de entender por vía poética. En resumen, la simbolización del paraíso perdido activa la imaginación del lector como instrumento de supervivencia.

La mirada poética de Regàs está marcada por dos rasgos: la tendencia a la utopía y la necesidad de amparo del sujeto poético. Se superponen dos planos, el de los recuerdos de infancia, enfocados desde el punto de vista del niño y evocados por la memoria del adulto, y el de la reflexión. El personaje medita sobre el paisaje donde transcurrió su niñez, pero se agarra a la realidad actual con esperanza de transformarla, aceptando el mundo en el que le ha tocado vivir como único paraíso posible. Así, los funerales y las lamentaciones religiosas se transforman en denuncia de la injusticia y sus causantes. El maltrato del cadáver del abuelo es ejemplo del compromiso estético y ético de Regàs cuya actitud realista y testimonial es heredera de la poesía de la experiencia.

En las novelas regasianas se produce la evocación del paraíso perdido como nostalgia de una época infantil y un modo de vida "natural" amenazado por el advenimiento de la edad adulta. La nostalgia y obsesión con la infancia coincide con el tema del paraíso perdido en muchas novelas españolas de posguerra que se relacionan con la ideología nacionalista, como demuestra Labanyi (44). Regàs adopta una perspectiva infantil para demostrar que los niños viven en un mundo condicionado por los mayores y que no siempre es un lugar paradisíaco.

2.7 Espíritu decadente (sensación de extranjería o "las delicadezas del supersensible")

Ahora analizaremos brevemente el espíritu decadente que, según varios estudiosos, se considera uno de los rasgos puntales del simbolismo (Grass y Risley 9). El espíritu decadente en Regàs no se corresponde con los rasgos superficiales asociados al decadentismo (narcisismo, morbidez, neurosis, esquizofrenia, perversidad, crueldad, paidofilia, erotismo, artificialidad), aunque todos ellos aparecen de forma atemperada en su escritura. Con Balakian (90–91), pensamos que se trata del estado de espíritu del poeta perseguido por la crueldad del tiempo y la inminencia de la muerte. Se trata de un embelesamiento en sí mismo y en los misterios de una fijación interior sobre los incomprensibles límites de la vida y la muerte; son "las delicadezas del supersensible".

Un espíritu decadente actualizado se observa en los protagonistas de Regàs que se caracterizan por ser incomprendidos, inadaptados o, simplemente, extranjeros en la propia tierra que los vio nacer: "yo, en cambio, me sentía extranjera en aquella casa que sin embargo era tan familiar" (51, 53, 91, 400) dice varias veces la protagonista de *Memoria de Almator*. Identificamos espíritu decadente con la sensación de extrañeza que también está presente en *Azul*, cuando Martín se siente como un extraño en el mundo de Andrea. Si superamos una visión reduccionista de la maldad y la decadencia comprendemos que Martín y Andrea son personajes de gran belleza estética. Sus acciones representan una metáfora de los deseos, obsesiones, debilidades, miedos, soledades y sueños de cualquier ser humano.

En *Luna lunera* la decadencia se pone de manifiesto a través del abuelo, cuando las niñas se dan cuenta de que "éramos distintas, era cierto, no teníamos padres que nos visitaran y estábamos sometidas a leyes que no se aplicaban a las demás" (164). El viejo crea un mundo diferente que produce una sensación "extraña, extranjera" en la protagonista cuando se da cuenta con "horror" del poder tirano que él ejerce:

> Había cerrado los ojos porque me sentía extraña, extranjera, el desánimo se había apoderado de mis pensamientos y me di cuenta con horror de que toda esta gente que me había rodeado, en general, las monjas, las niñas vestidas de novicia, pertenecían a ese mismo mundo. (172)

Esta especie de *horror vacui* de los protagonistas está siempre presente y funciona como símbolo de protesta contra el mundo impuesto contra su voluntad, lo cual desata en ellos una "angustia" que no los dejará vivir en paz, como se sugiere con las cuatro repeticiones de la palabra en un breve fragmento de *Luna lunera* (193). A pesar del estigma de decadencia y *horror vacui* que caracteriza a los protagonistas, la solución final depende de la interpretación optimista o pesimista de cada lector. Si pensamos que para Regàs el hogar y la familia representan un valor supremo, la casa abandonada de la primera y tercera novela constituyen el símbolo del vacío y la desolación de la vida adulta de los protagonistas.

Aparte del estigma de extranjeridad o desarraigo familiar que arrastran casi todos los personajes, bajo el subtítulo de "espíritu decadente", nos referimos también al cambio de personalidad que se produce en ellos hasta llegar a contradecirse. Se producen las contradicciones que Virginia Woolf ya exploraba y que subrayan las raíces modernistas de la obra de Regàs.

2.8 Representación de la mujer: el proceso de decadencia como símbolo de cambio social y personal

El hilo conductor de este capítulo es el simbolismo, uno de cuyos aspectos se relaciona con la representación de la mujer en la obra de Regàs que fluctúa entre la tradición y la vanguardia. El rescate de lo social se observa a través de la represión que sufren la mayoría de sus protagonistas, con lo cual se evidencia que Regàs no es ajena a los actuales movimientos sociales. Se dice que la infancia es la única patria del escritor, pero existen otras realidades ingratas que, lo queramos o no, forman parte de nuestra vida como son la marginación, los malos tratos o los infiernos familiares, por citar sólo unos pocos ejemplos reflejados en la escritura regasiana.

En *Memoria de Almator* la protagonista se define como una esposa "pasiva" que, después de quince años de matrimonio monótono, decide divorciarse y empezar una nueva vida. Esta divorciada representa la búsqueda de algo diferente con la vuelta al pueblo natal. Aunque acude con la idea de reencontrarse con una infancia feliz, todo ha cambiado allí. Su vida es ahora una continua lucha con los vecinos que no la dejan en paz con los problemas del agua, el huerto, el gallinero, el pozo. Estas constantes discusiones simbolizan la problemática de la mujer actual que quiere cambiar de vida pero se encuentra impedida por la sociedad. Así se sumerge en un proceso de decadencia.

Excepto la protagonista, las demás mujeres de Almator son arquetipos de la mujer pasiva que pocas veces se atreve a protestar. El modelo de mujer que cambia, aunque le cuesta mucho por la enorme dependencia en su padre ("mundo cerrado que habíamos creado juntos" 365) y por culpa de la sociedad, se repite constantemente en la narrativa de Regàs.

En *Azul* el cambio es para peor, porque la protagonista es una esposa felizmente casada cuya vida empieza a declinar en cuanto se divorcia. Antes de conocer a Martín, Andrea representa el arquetipo de la *superwoman*, pero su relación con un hombre diez años menor llega a un punto de decadencia en cuanto ella deja de ser una mujer triunfadora para convertirse en alguien que sufre. El declive social de Andrea empieza con su boda, aunque la ceremonia pasa casi desapercibida en la novela, quizás porque Regàs no quiere resaltar la idea de matrimonio prefiriendo detenerse en las fases del amor. Cuando se dispone a emprender una nueva vida, Andrea se da cuenta de que le resulta prácticamente imposible. Comienza entonces su tragedia particular o decadencia con el alcohol y la intransigencia con su nuevo marido.

En *Memoria de Almator* descubrimos que se ha labrado una venganza contra una nieta debido a prejuicios sociales. En *Azul*, Andrea tiene miedo del qué dirán de su relación con Martín y, en *Luna lunera*, el declive viene causado por "un hombre ególatra que, como Kronos, acaba comiéndose a sus propios hijos" (A.G. 74). Visto así el proceso de decadencia femenina, se puede decir que los finales de Regàs rechazan la ética capitalista y aspiran a una renovación libertaria y justiciera. Aparece de nuevo la multiplicidad de perspectivas y el carácter ecléctico de técnicas como elementos esenciales "para comprender el fin de siglo" (Litvak 15) anterior y que Regàs integra a su obra junto con otros elementos más actuales. Por su forma de escribir, el trabajo de esta autora empieza a gozar de universalidad de significado.

2.9 La religión como símbolo decadente

En la obra de Regàs destaca la religión como símbolo deca-dente. Los simbolistas franceses (Baudelaire, Verlaine, Rimbaud y Mallarmé) consideraban que la realidad encerraba, tras apariencias, significaciones profundas de los estados de ánimo y que la misión del poeta era descubrirlas. Recordemos que el símbolo es una imagen concreta que remite a algo abstracto como una idea o un sentimiento. Por ejemplo, el ocaso puede ser símbolo de decadencia o de muerte, como lo es en "La nevada".

En el modernismo europeo existió un malestar vital y una angustia metafísica que cuajó en el existencialismo, el cual subyace en la escritura de Regàs. Por sus actitudes religiosas comparte el talante agnóstico noventayochista de Baroja, Azorín y Unamuno.

En *Luna lunera* el funeral del protagonista simboliza el entierro de la Iglesia para los cuatro niños protagonistas, impunemente abusados tanto por el abuelo como por el padre Mariner, que comete paidofilia con ellos (295). La paidofilia aquí denunciada apunta a la Iglesia como segmento decadente de la sociedad, visión que se refuerza en la novela señalando los intereses de las monjas por los bienes del abuelo (176). La visión negativa de la religión se tiñe de ambigüedad cuando la imagen de la madre de los niños es descrita como "un ángel" (67). El aura de ángel de la madre contrasta con la visión beata del abuelo, considerado como un "santo". La santimonia del abuelo se repite constantemente en la novela (174, 196, 270 *et passim*), reforzada con las gentes e iconos religiosos que le rodean.

El culto de pompa y ceremonia para encubrir represalias se relaciona con la ideología nacionalista y, en particular, con la idiosincrasia de personajes autoritarios como José Antonio Primo de Rivera y Franco, "amantes de ritos y rituales" (Labanyi 39). La figura del abuelo simboliza los valores nacionalistas tanto en los detalles más nimios como en sus acciones más belicosas y solemnes.

Si el abuelo simboliza al dictador Franco, hay que recordar que la religión jugó un papel crucial en su triunfo y mantenimiento en el poder, "the term *nacional-catolicismo* summed up this unquestionable fusion of religious orthodoxy and patriotism" (Perriam et al. 10). El aura religiosa del abuelo contribuye a dar una imagen de beato autoritario, cuyo cadáver se transforma en "muerto inmortal", una especie de santo o divinidad personal en la mente de quienes lo conocieron. La falsa beatitud se rompe cuando los cuatro nietos maltratan su cadáver, lo que viene a simbolizar que, para ellos, Dios ha muerto. Su única religión ahora es la acción humana, es decir, la divinidad no se encuentra en Dios sino en cada persona y sus actos. La religión queda presentada con gran ironía.

2.10 Conclusión

En este capítulo se ha demostrado que, para Regàs, la principal tarea del intelectual es crear duda. Ella lo consigue en su narrativa a base de elementos simbolistas que generan ambigüedad e incertidumbre. La ambigüedad es evidente en los paisajes, los personajes y el final de cada texto. Los toques líricos, también patentes en su narrativa, se dan mediante el uso de una voz poética. Entre los símbolos analizados se destaca la imagen del paraíso perdido y de la religión como elementos relevantes en su estética neo-simbolista. En el contexto de la estética simbolista, debido a la naturaleza ecléctica del símbolo, la obra de Regàs invita a realizar continuas reinterpretaciones. De ahí la necesidad de imaginación que requiere su narrativa.

Siguiendo la consigna simbolista, la imaginación y su consecuente recreación lírica quedan establecidas como uno de los fundamentos de la estética regasiana. Como se aclara en una reseña de *Azul* (Turpin 7), lo importante es el resultado poético más que la posibilidad o imposibilidad física de realizar, por ejemplo, un silbido de la forma que propone la narradora: "[e]ntonces Chiqui se situó en el punto más alto de la proa y con los dedos de cada mano presionando la lengua contra el paladar, primero con suavidad, luego con más fuerza, emitió un silbido agudo y prolongado que repitió varias veces" (*Azul* 103).

En la narrativa de Regàs hay un esfuerzo por transferir al lector una visión plural de su concepción del mundo, la cual se capta por medio de símbolos.

Capítulo 3

La narrativa como viaje (o *récit de voyage*)

L a metáfora del viaje es quizás la más prominente y
común en literatura (Edwards 1). Tanto el viaje real
como el imaginario se dan cita en la narrativa de Regàs
hasta el punto de convertirse en un elemento indispensable para
la comprensión de su obra. El viaje es motivo, tema y estructura
en su producción textual. El hecho de que sus primeros trabajos
sean traducciones de libros de aventuras y de que su primera obra,
Ginebra, sea un libro de viajes es indicio de la importancia de este
elemento. No es casualidad que *Azul* comience con un epígrafe
de Conrad, epítome de escritor viajero, a quien cita en *Ginebra*
"traducir un libro de Conrad" (14), como tampoco es casualidad
que una parte sustancial de la escritura regasiana sean textos sobre
viajes específicos.

La obra de Regàs enlaza con la tradición española de la literatura del viajero, cuyos antecedentes se remontan a mediados del
siglo XIV y que "sirvieron de fuente para abundantes romances y
obras teatrales de nuestro siglo de oro" (Alvar, Mainer y Navarro
204–05). Orígenes que entroncan con los narradores de posguerra,
quienes escriben relatos de andanzas y aventuras como Camilo José
Cela, Gonzalo Torrente Ballester y Miguel Delibes, entre otros. En
este capítulo estudiaremos la importancia del viaje en la escritura
de Regàs, que se da en una época en que escasean las mujeres que
escriben este tipo de literatura. Su figura de gran viajera es para-
digmática de la mujer aventurera de nuestro tiempo. El modelo de

viajera intrépida se hermana con la aventurera victoriana, porque Regàs también se atrevió a recorrer mundo cuando hacerlo era cosa de hombres y la mujer debía quedarse "en casa y con la pata quebrada", como recuerda Leguineche en el libro de Morató (13–14).

La protagonista de "Los funerales de la esperanza" es un ejemplo de mujer anti-aventurera, que no se atreve a abandonar la casa. Este cuento es susceptible de interpretación feminista. El viaje de Julita sólo se da en la imaginación y el deseo. En vez de huir realmente para alejarse de su marido-verdugo, ella elige permanecer y confeccionarse vestidos a la última moda. Las mujeres que le sirven de modelo son antiguas, Eva Perón, Jackie Kennedy y Audrey Hepburn que sólo en apariencia fueron fuertes, aseverativas e independientes. Aunque Julita se ha ido ajustando a los cambios culturales en la década de los noventa, no encuentra un modelo a quién emular.

La nueva ideología que impera en los años noventa ha desatado una crisis en la identidad femenina, la cual exige la regeneración social e individual. Las protagonistas de *Pobre corazón*, salvo la conferenciante de "La inspiración y el estilo", no han oído nada del movimiento feminista. Llevan una vida vacía y se sienten atrapadas, aunque algunas están contentas o al menos, resignadas a su situación.

Por otro lado, la escapada de su hija Marisol para casarse con el "silencioso" inglés, para Julita representa una pérdida, porque su hija es para ella "una luz en [su] vida" ("Los funerales de la esperanza" 155). Lo más importante de esta alusión es la intención de Regàs de reflejar que la familia española está cambiando y deja de perpetuarse la tradición de que los hijos deben seguir los patrones de conducta, muchas veces equivocada, de los padres. Así, la historia no se repite y la casa ya no está freudianamente asociada con el *locus* de la autoridad parental ni el superego. La huida de Marisol anuncia la liberación femenina actual o, al menos, un distanciamiento de las mujeres sumisas y hogareñas, ángeles del hogar, propuestas como el ideal femenino del franquismo encarnado en Julita. Mediante estos *modelos de mujer*,[1] de actitud tradicional, Regàs pone el dedo en la llaga al demostrar que hay matrimonios que siguen juntos, aunque de ellos haya desaparecido el amor hace mucho tiempo y "hay personas con mundos muy pequeños para quienes torturar o dejarse torturar es vivir. En esa emoción está el amor para ellos" (León-Sotelo, "Manuel Vicent").

Consideraremos los dos libros de viajes de Regàs que analizamos en este capítulo, un ejemplo de literatura híbrida en los que el viaje aparece a varios niveles: lingüístico; subjetivo, como descubrimiento de la verdad; ideológico como liberación; género narrativo; aventura interior y en su relación con el artista.

3.1 La producción textual del viaje como género literario

El viaje en la obra de Regàs aparece como tema y como género literario de larga tradición. Pero ¿qué entendemos por género o literatura de viaje? Para responder a esta pregunta nos acogemos a la definición de Adams quien, después de escribir sobre la importancia del *récit de voyage* en la evolución de la novela, llega a la conclusión de que, al igual que ésta, el discurso del viaje resulta de "imposible" definición, debido a dos razones. La primera, por el desinterés académico hacia este género híbrido conocido como escritura de viaje, que durante siglos ha crecido junto al ensayo y el dietario o memoria personal que arrastra el estigma de ir asociado al sector elitista de la sociedad, y segunda, porque la narrativa de viaje, el *récit de voyage*, no es sólo un texto en primera persona escrito por un viajante sobre un país o una ciudad, ni es una fotografía en palabras de lo que un viajante observa (279). *Viaje a la luz del Cham*, por ejemplo, está estructurado en diecisiete capítulos, una "bibliografía brevísima", más una serie de fotos insertadas al principio y en mitad del libro, sin incluir ningún mapa de Damasco o de Siria, como sería de esperar en una guía turística, lo que rompe los límites tradicionales del género o literatura de viaje, aportando no sólo hechos puntuales sino también percepciones. De aquí se desprende que el viajante, como el novelista, tiene a su disposición miles de formas y fórmulas para registrar con palabras la experiencia de un viaje, independientemente de si intenta publicarla o no (Adams ix).

Desde un punto de vista convencional, la obra de Regàs puede dividirse en novelas, cuentos, ensayos, artículos y libros o crónicas de viajes específicos. En este capítulo argumentamos que la noción de viaje está presente en toda su producción hasta constituir el manantial de su ideología estética. Si ensamblamos todos sus escritos en una narrativa única, ésta sería un texto de viaje protagonizado por un personaje femenino que manifiesta sus impresiones sobre lo que ve. En este sentido toda su narrativa contiene el mismo modo de discurso autobiográfico basado en el viaje. Se puede decir que ella no escribe ningún texto de viaje sin recurrir a la memoria y a la propia anécdota.

"We were all travellers before we were novelers", escribió William Dean Howells (citado en Harper 325–26), cuya afirmación implica una cierta correlación entre el acto de viajar, vinculado con la idea de recabar experiencias, y la escritura de ficción. En el caso de Regàs esta conexión se refuerza hasta el punto de que sus viajes conforman la fuente primordial de su escritura.

El propósito de este capítulo estudiar de qué manera el viaje aparece en la narrativa de Regàs. Su primera novela ilustra la intersección entre sus giras, su escritura de viaje y su ficción. Mediante un personaje deambulante realiza reflexiones filosóficas, literarias, culinarias, geográficas. La literatura de viaje se convierte en subsidiaria natural para los novelistas, entre los que destacan Lawrence, Stevenson y Conrad (Williams 304), quienes asimilan este tipo de literatura en el arte de novelar. Concebir la escritura de viaje como arte demuestra que Regàs se interesa por rescatar esa parte de la literatura anterior. Lo importante de los textos de viaje es que se pueden considerar novelas y, como afirma Amat, "la novela es en sí misma un género híbrido" (Amat, "La enfermedad de la novela").

3.2 Teoría del viaje

La literatura de viaje empezó a considerarse legítimo objeto de la investigación académica a partir de 1970, cuando críticos como Edward Said (*Orientalism*) aplicaron el mismo minucioso análisis de un texto literario tradicional a textos de viaje. Luego vinieron otros estudiosos del género como Mary Louise Pratt, Peter Hulme y Gayatri Spivak (Mills 2). En España, si bien es cierto que abundan los libros de viajes, la crítica de los mismos escasea, y más si se trata de mujeres viajeras. La labor más reciente en este campo es la realizada por Marta Pessarrodona, coordinadora de la colección "Mujeres Viajeras", de la editorial Plaza y Janés, porque piensa que todavía "es válido el principio de Simone de Beauvoir: las mujeres quieren leer textos escritos por otras mujeres para saber cómo les fue a ellas" (I.O., "Plaza y Janés"). Éste es el caso de Regàs, sobre todo teniendo en cuenta que *Viaje a la luz del Cham* fue el "paseo" que las lectoras de *Elle* eligieron como el mejor libro de no ficción del año 1996.

Existe la común creencia de que los escritores viajeros llevan un cuaderno de notas donde apuntan lo que ven y lo que les ocurre para luego publicarlo en forma de libro, lo cual es cierto sólo en parte, porque los textos de viaje, como dice Sara Mills: "like all other texts, are written within the conventions established by discourse and cannot therefore be seen as 'transcription'" (85). Mary Louise Pratt ha identificado dos modos de escritura de viaje prevalecientes durante la última mitad del siglo XIX: "manners and customs reportage", con detalladas observaciones sobre la gente y sus costumbres, y "sentimental first-person chronicles", con un narrador en primer plano ("Scratches" 119–43). Regàs combina estos dos modelos ampliando así el contexto estético.

En sus dos libros de viaje Regàs enfatiza sus experiencias con las gentes que conoció en Suiza y Siria. Hay un narrador en primera persona que, aparte de introducir una novela, se preocupa por problemas actuales de la sociedad como son las cuestiones de religión y el tema de la mujer. De esta forma da voz a casi todas aquellas personas a las que conoció, revelándose como escritora sofisticada que explora otras formas de vida en la burguesa Suiza o en la Siria dictatorial, lo que refleja una amplitud de miras que va más allá de la óptica unívoca, imperial o de lo que Pratt denomina "conciencia planetaria europea" (*Imperial Eyes* 9). El estereotipo de las escritoras viajeras, "the indomitable eccentric spinsters" (Mills 27), puede aplicarse a Regàs, carácter indomable forjado por la difícil situación que atravesó durante la dictadura española que la convirtió en aventurera e inconformista y, más importante todavía, en disidente cuyo activismo político-intelectual es semejante al de Gayatri Spivak estudiado por Landry y MacLean (4).

La escritura de Regàs contiene un equilibrio entre la subjetividad y el compromiso. Tanto en su obra de ficción como en sus libros de viajes Regàs protesta contra la sociedad patriarcal. Su escritura de viaje encarna una concepción estética propia que se resiste a las guías turísticas populares, donde sólo hay un compendio de datos y poca estimulación de la imaginación. Sus textos, por el contrario, tienen una unidad general, no de tema pero sí de función y estructura. De ellos se extrae una reflexión de su sensibilidad visual y memoria retentiva, de tal modo que Regàs representa una nueva forma de turismo. Esto mismo se puede decir de otros muchos escritores de viaje. Un importante aspecto de la escritura regasiana de viaje es lo que se conoce como "competencia" cultural, que el infatigable viajero Jesús Torbado denomina "el tercer grado" del viaje, que consiste en "contemplar, o sea poner voluntad en la mirada para penetrar la realidad y apoderarse de ella" (11).

La competencia cultural de Regàs, o su gusto, le permite integrar sus planteamientos intelectuales e imaginativos a la idea del viaje. Ella es una viajera observadora que fija en su mente imágenes de desiertos, lagos, islas, cuadros o habitaciones y edificios que luego le sirven como escenarios y temas de ficción. Los cuentos "Cortesía del beduino" o "Alucinado lago Baringo" son un claro ejemplo de esta ligazón estética entre sus textos de viajes y su narrativa. Sus textos de viajes son una especie de ficción y ésta, a su vez, resulta una forma de viaje.

3.3 Dos libros de viaje como ejemplo de literatura híbrida

Se asume que generalmente el lector puede descubrir el yo de la escritora viajera por la posición del narrador en el texto. Pero tratar con textos literarios significa tratar con una textualización ilusoria donde las palabras potencian múltiples significados y, por consiguiente, distintas interpretaciones. Por ello extraer un yo coherente de estos textos, es labor interminable si no imposible. De ahí que no se debe juzgar la obra de Regàs basándose en su vida sino en sus textos.

Siguiendo el camino marcado por las diferentes teorías del viaje, esta sección se enfoca en los dos libros de viajes de Regàs. Adoptamos una postura ecléctica hacia este tipo de literatura, debido a la dificultad de definir este género híbrido entre novela, ensayo, dietario y memoria personal. Por ello examinamos los dos libros de Regàs como un ejemplo de lo que llamamos literatura híbrida, entendida como aquélla que no tiene por qué ser leída como una simple guía turística o como una autobiografía, sino más bien como textos que proceden de una variada gama de discursos, donde la realidad se confunde con la ficción y donde lo importante es la capacidad de sugerencia.

Ginebra y *Viaje a la luz del Cham* son crónicas capaces de poner el mundo al alcance del lector, de narrar con categoría literaria las sensaciones del viajero, de deshacer tópicos y de explicar la situación actual de territorios y personas. *Ginebra* revela la voluntad de demostrar que el paisaje más cercano guarda grandes secretos para aquél que lo recorre y, ante todo, es una reivindicación de la curiosidad cultural y geográfica. En cada secuencia de estos dos libros suele haber una anécdota y el tiempo es difícil de medir. Con un estilo pródigo en descripciones de paisajes y atmósferas, evidente también en su narrativa, Regàs mezcla artículos y testimonios de la prensa local con los diálogos llenos de agudeza y sabiduría popular de sus personajes. El resultado es una combinación de lo autobiográfico con lo periodístico y lo imaginado, es decir, literatura híbrida.

La calidad literaria de estos dos libros linda con el arrebatamiento poético para transmitir la emoción estética y sentimental que embarga a la viajera ante lo que contempla. Se trata de una forma de sugerencia relacionada con la "subjetividad de los viajeros" (Guerrero 20), la cual añade un elemento más de interés al proporcionar información útil para el conocimiento tanto del país visitado como de su lugar de origen.

Ginebra comienza con una breve introducción a modo de prólogo, donde resalta la idea de una mujer que escribe a partir de sus gustos personales. Desde la primera página nos encontramos con una autora que narra de forma subjetiva, lo cual explica la accidentalidad que quiere imprimir a su obra, presentándola como fruto de una casualidad aprovechada: "[a]lgunas veces, después de tres o cuatro semanas, olvido que soy extranjera e, imbuida del ejemplo e impregnada del espíritu que me rodea, me irrito si un coche con matrícula francesa, española o monegasca aparca en lugar indebido" (13).

Su sensibilidad mediterránea choca con el paisaje ginebrino proporcionándole una perspectiva única. *Ginebra* no es únicamente una guía turística, aunque por la distribución de su contenido pueda considerarse como tal. El libro está estructurado en tres bloques y al final incluye una pequeña bibliografía, un índice onomástico, un mapa, y, destacándose, un apéndice dedicado a "Los extravagantes", título que hace alusión a aquellas personalidades que de alguna manera forman parte de la historia de la ciudad, vista desde la mirada crítica de Regàs. Este libro constituye un ejemplo de literatura híbrida por ser guía de viaje, autobiografía, tratado cultural y a veces manual geográfico. Además se sumerge en temas cruciales de la convivencia humana estrechamente ligados a la problemática planteada por Regàs en toda su obra, las relaciones de los seres humanos consigo mismos y con los demás.

Viaje a la luz del Cham es otro ejemplo de literatura híbrida, porque contiene una mirada crítica, una mirada urbana, una mirada contemporánea y una mirada intemporal a la luz del Cham (antiguo nombre de Damasco) que en árabe significa "un pedazo de tierra en el *firdaus*, en el paraíso" (31). La narradora incluye muchas anécdotas pero, a diferencia de *Ginebra*, aquí se detiene en pequeñas historias, vistas con ojos femeninos. *Viaje a la luz del Cham* puede considerarse escritura de mujer, si aceptamos que ésta consiste en captar las mínimas sensaciones, los más diminutos detalles y en saber que nada, por nimio que parezca, carece de importancia. Este libro refleja el mundo de lo cotidiano, de la intrahistoria que por siglos ha constituido el mundo femenino.

A pesar de su posición como invitada oficial, Regàs se las apaña para escribir de forma franca, aunque táctica, sobre dos importantes preocupaciones en Siria: la lenta evolución de la mujer en el sistema social y la astucia del dictador para engañar al resto del mundo. Regàs escribe sobre lo que ha visto y, aunque observa un incipiente desarrollo de la mujer siria y del país en general, entre líneas se percibe su estupor ante las vidas tan limitadas que observa. La mirada personal se cruza con las voces que encuentra a su paso, a las que incorpora en su escritura para mostrar diferentes perspectivas en un texto que ofrece una visión cultural, paisajística, anecdótica y costumbrista que transciende lo individual.

Estos dos libros de viajes son una guía eficaz y necesaria para cualquier viajero que vaya a Suiza o a Siria. Aparte de suministrar datos fidedignos de la historia y de sus gentes, la abundancia de anécdotas hace su lectura muy amena, como si se tratara de una novela híbrida, donde el discurso sentimental y el autobiográfico se mezclan con el discurso social, político y cultural en auténtica polifonía. Michel Butor ha sugerido que viajar, escribir y leer son viajes dobles (8) y William Stowe señala que los libros de viajes subrayan la importante conexión "entre el punto de vista y el sentido del yo, entre la posición del ojo y el poder del yo, entre ver y ser" (29). Los textos de Regàs ayudan a demostrar la función del viaje en la construcción de la identidad individual y colectiva.

Partiendo de la premisa regasiana de que el verdadero viaje se realiza en solitario, analizamos a continuación la función del viaje en sus tres primeras novelas, a nivel lingüístico, a nivel subjetivo y a nivel ideológico.

3.4 El viaje a nivel lingüístico

Para el *récit de voyage* o discurso del viaje, su estudio es tan importante como lo es el estudio de cualquier género literario, pues de él depende gran parte de su especificidad (Adams 243). Desde el principio, en cada novela de Regàs se retrata una panorámica múltiple de lugares asociados con diferentes sensaciones, lo que implica una movilidad de los personajes que, de forma indirecta, anticipa la acción narrativa: un viaje que va a desencadenar una vorágine. A nivel lingüístico el tema del viaje en *Memoria de Almator* se sugiere con abundantes verbos de acción ("descendió", "me volví", "dejaba atrás", "huyendo") y con sustantivos ("taxi", "avenida", "laderas del valle", "carretera", "tren") que indican movimiento (481–82).

En esta primera novela cada secuencia narrativa ocupa más de un lugar. La protagonista se caracteriza por un dinamismo que se evidencia no sólo por el viaje que realiza de la ciudad al pueblo sino también por las numerosas alusiones a lugares exóticos que dan un tono cosmopolita a la novela. El espacio donde transcurren la mayoría de las pequeñas historias que componen *Memoria de Almator* se centra en dos pueblos ficticios: Almator y Toldrá.

El tropo del viaje se justifica en términos lingüísticos porque, gracias a su travesía por Almator, la protagonista es consciente de que ha cambiado: "mujer que había sido yo, la que dejaba atrás" (481). Su deambular la define y se convierte en la solución a sus problemas. Había puesto tierra de por medio como solución a su divorcio y ahora se va de Almator, porque allí se encuentra "vacía", adjetivo que resume su estado emocional reminiscente del desplazamiento por ferrocarril: el "compartimiento vacío" (482). El tren sugiere velocidad y cambio de lugar, pero también incertidumbre y encuentros inesperados, como ocurre en el último cuento de *Pobre corazón*. El mundo de la protagonista de *Memoria de Almator* ha cogido velocidad. Ella se ha autorrealizado gracias a sus desplazamientos. De ahí la importancia del viaje a nivel lingüístico como elemento motriz de la acción.

Desde el principio de *Azul* el lector sabe que Martín odia navegar y que Andrea ama la aventura. Han decidido realizar este viaje juntos en un intento por recuperar su pasión, pero lo que ignoramos es la causa que ha motivado el enfriamiento de su relación. A nivel lingüístico *Azul* constituye un ejemplo de novela que se ilumina con la metáfora del viaje y el simbolismo del mar. La palabra crucial en esta novela es "navegación", vocablo que remite al control de la propia vida, a la dirección hacia la cual uno se orienta o cree ser orientado. Todo viaje es un hito de pérdida o de felicidad, una marca de descontento y una búsqueda sin descanso de lo que se ha perdido (Edwards 5).

Las primeras líneas de *Azul* son una descripción geográfica del lugar donde va a transcurrir la mayoría de la acción narrativa, una isla griega que el lector irá conociendo poco a poco, igual que en un viaje. Aunque nunca sabemos el nombre de la isla, presumimos que existe en la realidad, porque los otros lugares mencionados son concretos y verídicos (236–37).

La noción de viaje se sugiere con múltiples verbos de movimiento, expresiones temporales que indican dinamismo con referencias espaciales a lugares verdaderos cuyos nombres y calificativos dan a la novela textura y efecto de realidad visual. También, inciden en la estructura, creando un ritmo de movimiento continuo. Una gran variedad de extranjerismos aumenta la sensación de cambios geográficos y de que todo se transforma constantemente. Éste y no otro es el gran tema de la narrativa regasiana.

El tema del viaje se subraya con el empleo de abundante terminología marinera entre la que destaca el nombre de la embarcación, Albatros. Regàs utiliza los escenarios como pista para desentrañar a sus personajes, desde esa isla en Grecia donde Martín actúa salvajemente hasta las pintorescas localizaciones de Nueva York donde Andrea empieza a desvariar. Podría hablarse de un viaje a través de la historia, si comparamos la isla griega con la cuna de la civilización occidental y Nueva York como epítome de la modernidad. A nivel lingüístico los detalles construyen un cuadro donde todo encaja.

Luna lunera pronto se decanta como texto lingüísticamente preciso. Se trata de la historia de un recorrido rectilíneo que enlaza los diferentes espacios hueros de una muerte deseada por cuatro niños. En *Memoria de Almator* el viaje sigue una progresión también lineal pero sin regreso posible al lugar de origen. En *Azul*, el recorrido es circular y en *Luna lunera*, es itinerante, laberíntico. A diferencia de *Memoria de Almator*, donde la infancia (= paraíso perdido) queda destruida por la vuelta al pasado y la protagonista tiene que empezar otra vez de cero, o *Azul*, donde también se añora el paraíso perdido de la niñez, en *Luna lunera* se parte de la idea de que éste no existe, pero hay que buscarlo. Los cuatro protagonistas viajan constantemente y van de un internado a otro, pero lo que se narra es la espera de una muerte ansiada, que finalmente se produce en 1965 (*Luna lunera* 71).

Aparte de estar narrada retrospectivamente, igual que las dos novelas anteriores, el lenguaje dinámico de *Luna lunera* incide en la estructura de forma que ésta se configura como travesía mental, cuando los protagonistas identifican los viajes que hicieron de pequeños con un "recuerdo borroso", y tratan "de reconstruir cuál había sido el periplo de cada uno" (71). A nivel lingüístico la figura del viaje adquiere la misma estructura de rompecabezas que en las dos novelas anteriores, pues constituye una introspección en busca de uno mismo como persona. En los protagonistas se da una especie de conciencia migratoria, de personajes condenados a viajar por el exilio que han heredado. El espacio se desdobla: el exilio exterior, geográfico y socio-histórico, manifestado a través del deambular de los protagonistas, se duplica en el exilio interior, psicológico y existencial representado con la itinerancia dolorosa de unos niños que indagan "por la curiosidad y por el afán de poner una pieza más en aquel rompecabezas de nuestros viajes" (71). Así, el viaje resulta búsqueda de la verdad.

Lingüísticamente la noción de viaje se repite como un patrón estructural en las tres novelas: un "viaje mental", que anticipa la travesía concreta. Un "viaje histórico", que suele ser el grueso de la novela que incluye estancia en un lugar determinado (pueblo, isla o casa) y un "viaje presente", que corresponde a la secuencia final de huida. Por ejemplo, cuando los niños asisten al funeral de su abuelo, se detienen algunos minutos para contemplar el espectáculo que habían escenificado mentalmente y se marchan apresuradamente para no regresar nunca más. En las tres novelas el viaje es concreto. Es decir, todo lo que ocurre es verosímil, porque se da en un espacio y tiempo creíbles. La narrativa regasiana constituye una estampa realista del mundo, donde el personaje es tan protagonista como el paisaje captado con precisión y realismo.

3.5 A nivel subjetivo: un viaje al centro de uno mismo

En *Memoria de Almator* el viaje adquiere una dimensión subjetiva. El propósito del viaje en esta novela es el regreso de la protagonista a Almator y posterior huida para descubrir su verdadero yo. Una vez descubierta la venganza de la abuela, la protagonista ya no tiene nada que hacer en esa casa que acaba de devolverle el punto de partida hacia una nueva vida, un nuevo viaje: "[e]sos dos años en Almator servirían para recomponer la casa y devolverle su verdadera función; y así quedaría para el futuro, fuera como fuera el que los dioses me hubieran deparado" (124).

Para la protagonista el viaje consiste en "recomponer la casa" de sus antepasados, lo que le lleva al conocimiento de la verdad sobre su familia. La verdad se le desvela gradualmente, como si de un viaje se tratara. La adquisición de madurez de la protagonista, que ella identifica como un camino de vuelta al hogar de su infancia, ocurre en un tiempo pasado que la mujer va relatando a medida que le viene a la memoria. El proceso es paralelo al desarrollo de la acción narrativa que culmina con el poder que la herencia le otorga para ir en busca de su nuevo ser.

Su regreso a Almator y los paseos que realiza allí la definen como una mujer independiente, capaz de dejar atrás el inexistente paraíso de la infancia. Como escritora, encuentra en la literatura el medio para dar "el paso de lo empírico a lo trascendental" (García Montero 17). La huida de la casa familiar se justifica no sólo como una forma de rechazar sus orígenes y empezar de nuevo sino también como un trayecto recorrido, que le descubre su necesidad de la ciudad para escribir. La huida no se explica sin la existencia real de la urbe y el escritor ciudadano, burgués, que lleva dentro. La narradora-escritora de Almator rechaza y es rechazada por la sociedad conservadora. Aunque se identifica con ciertos sectores populares, sigue siendo burguesa por la clase a la que pertenece. Su regreso a Almator y posterior huida se convierten así en un viaje al centro de su propia identidad tanto pública como privada. El encanto de la protagonista reside en ser una persona desvalida, que aprende a valerse por sí misma, llegando a convertirse en una escritora viajera que, según el pensamiento feminista de Marilyn Wesley, re-conceptúa el mundo y el papel privado y público de la mujer (135).

El hecho de que *Azul* sea la historia de un crucero por el Mediterráneo donde los protagonistas mentalmente revisan su pasado lo convierte en otro viaje en busca de auto-conocimiento y auto-descubrimiento. Su escala inesperada en la isla griega se erige, entonces, como un "camino de Damasco" (*Azul* 163). El viaje se plantea de nuevo como un recorrido para llegar a la verdad. Como en la primera novela, elementos inesperados convierten esta expedición en una ruta hacia el corazón de la oscuridad. La tensión que se nota entre este sereno viaje y la desconcertante isla domina todo el libro. El lector tiene la impresión de que la isla les sirve a los personajes como descubrimiento de su propia identidad.

A nivel subjetivo este viaje puede interpretarse como un naufragio, el hundimiento del amor de la pareja y su intento de salvación. La novela textualiza el aprendizaje de los protagonistas a fuerza de hundimientos y reflexiona sobre la irracionalidad de los sentimientos humanos. Al relacionar a los protagonistas con el mundo del cine nos condiciona y nos acerca a la mitología contemporánea. Un encuentro fugaz entre Andrea y el joven director de cine, Martín, va a marcar la existencia de ambos. El viaje actúa como una metáfora de su identidad sirviéndoles para recapitular su vida desde la adolescencia hasta la actualidad.

Andrea nos sorprende cuando decide no testificar en contra de su marido. A la confusión de lo real y lo imaginario, del presente y del futuro, se añade la confusión en la mente de Martín y en la del lector de si él está dando el paso final por su propia voluntad o si está siendo conducido por la mano de Andrea o arrastrado por su destino. Al terminar la novela, el lector se pregunta si Martín es mejor hombre antes o después del viaje, porque durante la travesía se comporta de una forma insospechada, capaz de matar violentamente, de cometer adulterio y de intentar asesinar a su esposa, lo que hace pensar que la travesía tiene la función de revelarnos el lado oscuro del protagonista, es decir, el viaje equivale a descubrimiento de la verdad. La decisión final de volver juntos como si nada hubiera ocurrido, implica esperanza y posibilidad de seguir soñando con el amor, "como una prueba más del entendimiento que había de afianzar el mito de su historia de amor" (148). La reevaluación de la identidad se produce de nuevo mediante un viaje, esta vez a través del tropo de un crucero como imagen central.

En *Luna lunera* una nana y un rayo de sol simbolizan poéticamente un viaje figurativo en busca del paraíso, que al final se transforma en un viaje real. A través de cuatro voces infantiles se reconstruye la historia de una familia desmembrada por el carácter y las ideas de un abuelo nacionalista, cuya hija es la madre de estos niños que lucha indefensa por la custodia de sus hijos, quienes no acaban de entender por qué están desplazándose constantemente en una España herida por el fundamentalismo. La diáspora de la guerra civil se centra en la metáfora del viaje que ofrece posibilidad de cambio y solución. La vida de estos niños podría resumirse como la historia de un recorrido inacabable hasta que llegan a la edad adulta y el itinerario concluye con una catarsis. La noción de viaje alcanza su valor máximo cuando, ya mayores, realizan una última travesía llevados casi telepáticamente a la casa del abuelo con el mismo motivo compartido de dar nuevo rumbo a su vida, es decir, el viaje se presenta como generador de cambio. La escena del funeral significa el cumplimiento de su antiguo deseo de enterrar el mundo cerrado, violento e hipócrita del abuelo y el hallazgo de una nueva identidad.

Como en *Lord Jim* de Conrad, en *Luna lunera* los nietos, ya adultos, van en busca de un sueño. Estos cuatro personajes acarrean un pasado traumático, pero consiguen liberarse de él y escalar el camino de luz hacia una nueva vida, cerrando definitivamente una parte de su historia. En última instancia *Luna lunera* constituye otra metáfora de la escritora perseguida o exiliada que escapa y se oculta en un país llamado Literatura. Si comparamos la voz protagónica de Anna (Vidal) con la de Anna (Frank), comprobamos que, como afirma Nuria Amat, "el siglo XX es el siglo de los escritores perseguidos que han vivido lo suficiente como para dar fe de la memoria trágica" (59). Desde esta perspectiva *Luna lunera* ilustra un viaje a través de la historia reciente de España.

En el nivel subjetivo se ve que los personajes principales son mujeres de acción y aventura, cuya vida se encuadra en la España contemporánea, lo que constituye un modo de realismo social. El viaje regasiano suele estar protagonizado por mujeres y tiene estructura episódica. Las protagonistas regasianas, de carácter débil, encuentran la terapia apropiada en los viajes que realizan. De la problemática infantil se extrae una resolución satisfactoria de las limitaciones femeninas impuestas por el espacio doméstico, cuando los personajes se ven por última vez abandonando un lugar para dirigirse a otro, lo que significa adquisición de poder y libertad. Sin la oportunidad de huir, los personajes niños no habrían llegado a ser los adultos fuertes que son al final.

En las novelas de Regàs el viaje puede interpretarse como una aventura beneficiosa mediante la cual se consigue un conocimiento profundo de uno mismo. El viaje aparece también como vehículo para explorar la sociedad actual y, sobre todo, como símbolo de autonomía. Los protagonistas regasianos logran una cierta independencia por medio de sus viajes, es decir, los relatos trazan la historia del crecimiento individual que implica la salida del hogar hacia un nuevo destino.

3.6 A nivel ideológico: el viaje como liberación

En las novelas de Regàs el viaje se materializa de distintas formas, pero frecuentemente a modo de huida, la cual se traduce en liberación. El momento de la huida es una epifanía de la verdad que, de acuerdo a Janis Stout, equivale a tiempo de ruptura con todo lo anterior (xi). La protagonista de Almator, como Andrea en *Azul*, Anna Vidal en *Luna lunera* o cualquier heroína de la literatura popular, arrastra un sufrimiento revelado a lo largo de un viaje, el cual explica su vacío interior y guarda la solución a sus problemas. Las protagonistas de estas tres novelas dejan atrás una parte de su historia, lo que les produce un crecimiento personal y una mejor idea de quiénes son. Al final de cada novela, después de volver al hogar de la infancia (*Almator*), de hacer un crucero (*Azul*) o asistir a un funeral (*Luna lunera*), las protagonistas consiguen desprenderse del *peso de las sombras*[2] que las mantenía oprimidas en su propio pasado.

A través del viaje se ofrece la posibilidad de articular otras salidas que todavía no han sido social, cultural o psicológicamente codificadas. El viaje, o mejor dicho la huida, adopta así la función de reconstrucción social, cuya intención es rechazar la inmovilidad que representa el espacio doméstico (Almator). Si la *Odisea* explora la naturaleza de un hombre definida por sus viajes y por el regreso al hogar (Rennie 4), las novelas de Regàs exploran la naturaleza humana con rostro de mujer en historias donde cada nuevo encuentro con los otros plantea la pregunta: ¿son ellas las responsables? o ¿"es la mala suerte, es una maldición, es...—dudaba—es algo que ha entrado en esta casa"? (*Memoria de Almator* 474).

El viaje entendido como liberación comienza al final de cada novela, cuando los protagonistas se preparan para escapar de la opresión. Este hecho es componente fundamental de lo que Stowe denomina "literature of liberation" (151), para referirse en particular a la obra de Toni Morrison. Como ella, Regàs se ha propuesto re-escribir la historia desde su propio punto de vista de testigo indiscutible de la reciente historia de España. Sin pretender hacer un retrato sociológico, en *Luna lunera* narra situaciones que se dieron durante la dictadura, cuando no quedaba más remedio que aceptar el credo oficial y ceñirse a la moral católica.

Después de la Segunda Guerra Mundial, la mujer empezó a abandonar el espacio doméstico para realizar trabajos de su propia elección. La libertad que supone poder optar permite navegar entre los espacios públicos y el ámbito doméstico. La huida del hogar implica un duelo con el otro por un espacio más ancho aunque, si nos fijamos bien, las protagonistas de Regàs se enfrentan sobre todo consigo mismas.

El acto de huir asume un valor trascendente porque significa ruptura no sólo a nivel personal sino también social. Abandonando los hogares donde su existencia estaba almacenada, las mujeres ahora reclaman un nuevo sistema de vida. La marcha constituye así superar las convenciones sociales y todo el sistema patriarcal. Regàs muestra que el pasado pervive en el presente. Existe una dualidad compuesta por la necesidad de escapar de la historia y a la vez recuperarla. Las protagonistas regasianas no pueden escapar de sí mismas ni de su herencia. El pasado vuelve en formas diferentes, como la melodía de la canción "Luna lunera cascabelera". La solución que sugiere Regàs es la liberación por el viaje imaginario. La necesidad de la imaginación como motor para la búsqueda de un futuro mejor añade a su narrativa un matiz de fantasía.

En un contexto ideológico, la dualidad entre lo personal y lo histórico encuadra en lo que Mijail Bajtín llama la mayor tarea de la novela moderna histórica: "to find a historical aspect of private life, and also to represent history in its domestic light" (217). Genaro M. Padilla ha observado en su estudio de la narrativa autobiográfica méxico-americana que las escritoras se niegan a distinguir el espacio doméstico como esfera exclusiva de la mujer en la oposición binaria entre lo privado y lo público, prefiriendo considerar el hogar como "un parapeto panorámico desde el cual ellas actúan en la historia" (118). Los cuentos de *Pobre corazón*, que analizamos a continuación, están escritos desde este ángulo de visión.

3.7 Las narrativas de viaje en los cuentos

Aparte de los nueve cuentos de *Pobre corazón*, Regàs ha publicado más de una veintena de cuentos en diferentes volúmenes con el tropo del viaje presente ya sea de forma literal a través de personajes viajeros o bien de forma simbólica, donde debe interpretarse como el recorrido de una vida o de un alto en el camino que estimula la aventura interior. La importancia de esta sección dedicada al viaje en los cuentos de *Pobre corazón* se debe a que, a diferencia de las novelas, en los cuentos el viaje no se da como forma de alejamiento. La huida de las mujeres del confinamiento ocasionado por su función doméstica resulta un escape virtual, porque no son capaces de romper con su pasado. Las protagonistas de *Pobre corazón* necesitan marcharse de su limitado mundo pero no llegan a dar el paso crucial, típico del *Bildungsroman*, que consiste en abandonar la casa de manera definitiva. Es decir, transformación y movilidad son inseparables en la narrativa de Regàs.

Sin embargo, la idea del viaje como huida no implica automáticamente renunciar al hogar. La propia Regàs suele citar a Kafka como ejemplo de escritor que no necesita del viaje literal para ser libre. Leyendo los cuentos de *Pobre corazón* uno se pregunta si se puede conseguir la libertad sin salir de casa. La ecuación extraída del viaje en las novelas regasianas se invierte y el viajante es el que espera más que el que emprende la marcha. Así, la escritura del viaje es también escritura doméstica.

El viaje en "La farra" es imaginario, narrado y estructurado a través de la memoria que reconstruye más de treinta años de matrimonio, donde la esposa es dueña absoluta del hogar y el marido vive sometido a sus órdenes desde la noche de boda. La inversión de roles es irónica y enfatiza la idea de que existen mujeres que se adaptan a la inmovilidad del hogar hasta no darse cuenta de lo que ello significa y es que, cuando las personas se habitúan a una serie de rituales domésticos, llegan a ser peligrosas y una amenaza para el orden social: "[e]lla permaneció inmóvil, y había en su rostro un gesto forzado para esconder el asombro ante tal osadía" (28).

En "Preludio", la noción de viaje aparece en su acepción más literal. Primero, porque uno de los protagonistas viaja mucho y segundo, porque la historia está estructurada como un recorrido circular, en el sentido de que la vida matrimonial ha degenerado en monótona repetición semanal sin que cambie nada. Mientras el marido va de un lado a otro, la mujer permanece "encerrada" en casa con sus hijos y, cuando se ven, los fines de semana se han convertido en una rutina casi insoportable (124).

La representación de las mujeres en *Pobre corazón* (también la de los hombres como en "La farra", "La nevada", "El guerrillero" y "Más allá del límite") constituye un retrato de la actual sociedad española, la cual sigue sumergida en lo que Paul Julian Smith denomina curiosa combinación entre la modernidad y el tradicionalismo (97). Los cuentos de *Pobre corazón* no son sólo historias de mujeres ya que se incorporan actitudes y reacciones masculinas, aunque los personajes varones salen mal parados con dos suicidios ("La nevada" y "Más allá del límite"), una muerte cercana ("El guerrillero"), una muerte deseada ("Los funerales de la esperanza") y, sobre todo, una imagen de macho deformada, identificada casi siempre con el orden político de la posguerra española.

Desde el primer cuento hasta el último se retratan los estereotipos tradicionales de las mujeres como criaturas histéricas ("Preludio", "Introibo at altare Dei..."), abnegadas ("La nevada",

"El guerrillero"), feministas casi lunáticas ("La inspiración y el estilo"), viajeras soñadoras ("Más allá del límite", "El sombrero veneciano") o como "ángeles del hogar" ("La farra", "Los funerales de la esperanza"), pero todas ellas con la determinación de revivir el pasado para evitar que "la historia se repita" (22), como explica la protagonista del primer cuento a su marido. La estructura aparece trabada en momentos cruciales de la vida de las protagonistas para explicar la necesidad de cambio y la huida como solución. Al final de cada cuento se produce una metamorfosis ideológica manifiesta, por ejemplo, en los cambios de ropa que realiza la protagonista de "Los funerales de la esperanza". Se puede argüir que ella está poniendo en práctica una forma personal de feminismo. Julita está limitada físicamente ("me tenía sujeta" 144), pues su marido la maltrata con cualquier excusa, pero ella está atrapada también por su ignorancia ("a decir verdad no sabía nada" 145), y las costumbres tradicionales ("siempre había oído decir a mi madre que habíamos venido al mundo a sufrir y estaba convencida de que así eran todos los hombres con todas las mujeres" 146).

Sin embargo, su escape reside en su imaginación y toma forma de viaje. Como en *Luna lunera*, la idea de libertad viene a través de los sueños. Una imagen progresiva de emancipación se va desarrollando cada vez que Julita sueña con la muerte de su marido. El sueño, entonces, la libera para explorar las posibilidades de escape, lo que su cuerpo nunca le permitirá. Desde esta perspectiva el cuento de los funerales indaga en la condición que le ha sido impuesta a la mujer arbitrariamente.

3.8 La aventura interior en los cuentos

La pasividad de los personajes femeninos es la nota común en los cuentos de *Pobre corazón*. La dualidad casa-viaje demuestra un reconocimiento de la amplitud de roles de género y la existencia de matrimonios convencionales que no se atreven a romper con la sociedad para lograr su propia libertad. La narrativa de Regàs ilustra la interacción de feminismo y feminidad, de escape y resignación hogareña, de esfuerzo público y relaciones privadas. La metáfora de la casa alcanza su grado máximo convirtiéndose en una especie de "locus de inspiración", lo que Hélène Cixous propone como la tarea esencial de la mujer escritora "changing around the furniture [...] emptying structures, and turning propriety upside down" (*The Laugh of the Medusa* 887). Así los cuentos de *Pobre corazón* demuestran, como ocurría en las novelas, que el hogar persiste aunque sólo sea como un contexto de sombras, una estructura social y cultural de la que no se puede escapar. El núcleo familiar nunca se deja atrás. Esta redefinición del hogar puede contemplarse como otro patrón de movimiento y como una revisión gradual de la cultura imperante.

Si en las novelas la identidad de las protagonistas se logra por medio de un viaje que las lleva más allá del espacio familiar, en los cuentos se nota una urgencia por retirarse al hogar y permanecer allí. El contraste entre cuentos y novelas revela un intento de redefinir la noción de familia. Este replanteamiento obliga a cuestionar la necesidad de salir de las estructuras domésticas tradicionales o si existe alguna otra solución para las mujeres que se quedan en casa. Ello ocasiona otra pregunta: ¿el yo femenino en la narrativa de Regàs se realiza sólo en el contexto de la relación de pareja? De estas posturas antagónicas, cuya resolución depende de la forma de pensar de cada lector, parecería que para las mujeres el movimiento más prometedor sigue siendo la reforma social.

Los personajes de *Pobre corazón* viven atrapados por la rutina y no dan pie a la espontaneidad. Éste es el caso del turista americano en "El sombrero veneciano", el cual, estando de vacaciones, podría dar rienda suelta a su imaginación, como lo hace la mujer que conoce en el tren que va de Ginebra a Portbou. Se trata de un trayecto que ella realiza cada fin de semana. De ella no sabemos si está casada o no, pero sí que trabaja en Ginebra y vive en Barcelona, "una mezcla un poco esquizofrénica" (238) según él, que se llama Tom y lleva un sombrero veneciano. Desde el principio se establecen los roles estereotípicos, con la mujer encasillada en un mundo fantasioso y el hombre sin dar paso a la improvisación. A pesar de hallarse en un tren, escenario supuestamente liberador que se presta a juegos de coquetería, los protagonistas son incapaces de "moverse". Coinciden en el mismo vagón, porque él le ha pedido pasar la noche con ella, pero al final sólo comparten una breve charla y un ligero beso de despedida.

Como en la magistral película de Fritz Lang, *Human Desire*, el tren es visto en este cuento como una alegoría o metáfora de esa especie de fatalismo (presente ya en el título de los cuentos, *Pobre corazón*) que rodea a los personajes de Regàs, arrastrados por un destino inexorable, esta vez en forma de vías ferroviarias, que les impide cambiar su rumbo. La melancolía y la nostalgia vienen después como una manera de arrepentimiento por no haberse atrevido a tomar otro camino para avanzar hacia adelante. Una situación parecida a ésta se repite en cada cuento y ello es indicio de que Regàs quiere reflejar el mundo interior de los sentimientos y las emociones en un ambiente íntimo, a modo de viaje imaginario que sirve para redescubrir la identidad de sus personajes.

La pregunta a responder sería ¿por qué los protagonistas, casi todas mujeres, no se atreven a romper el círculo doméstico para aventurarse hacia una nueva vida? Los personajes femeninos de *Pobre corazón* tienen miedo a la hora de abandonar el hogar. Se sienten impotentes para romper con la reclusión física, social o mental. Las mujeres padecen una especie de terror agorafóbico que las hace depender de la casa, lo que parece una caricatura del daño que se ocasionan a sí mismas, negándose la facultad de tomar decisiones. Aunque anhelan la libertad, el viaje sólo se realiza de forma imaginaria, como un deseo de que su situación cambie algún día.

Por otro lado, podemos dar un giro de tuerca a todo el planteamiento feminista y pensar que la mujer es siempre la "bestia humana", porque en los cuentos de *Pobre corazón* suele haber un personaje femenino emblemático, prototipo de la bruja ya representada en las novelas por la abuela y Andrea. Está claro que no se puede reducir cada cuento ni cada protagonista a una única interpretación: "[m]irada inquieta y desmitificadora en busca del detalle escondido o la situación peculiar que sin embargo ayuda a recomponer un panorama ya estereotipado por la definición y el tópico y devolverle su virginidad" (Regàs, *España* 15).

En definitiva, la noción de viaje en estos nueve cuentos se corresponde con una mirada hacia atrás para recordar episodios significativos, como sucede en la realidad, que ayudan a despertar ciertos sentimientos en los protagonistas y, por extensión, en el lector. Por el recorrido que estructura cada una de las obras regasianas conocemos el desarrollo social de una persona, su entorno familiar y su actitud pública. Al final de cada aventura queda la convicción de que las mujeres no desean sólo la libertad, el amor o un espacio doméstico sino las tres cosas a la vez.

3.9 El viaje y el artista

Regàs es una intrépida viajera que nos enseña que recorrer el mundo es una forma de adquirir el conocimiento. En *Viaje a la luz del Cham* inserta frases como "la pasión de un hombre por su trabajo me ha producido siempre más que entusiasmo, emoción" (110) y la idea de que el trabajo "es el goce que Dios nos ha dado para que no nos enloquezca el paso del tiempo" (116). Estas afirmaciones se repiten en dos de sus textos, subrayando la afinidad entre el aventurero y el artista con el viaje como metáfora de la existencia. En uno y otra debemos buscar "a todas horas cómo disfrutar del mundo ancho y maravilloso" (Regàs, Prólogo *Las aventuras de Tom Sawyer* 2), aunque a veces la vida esté nublada por una guerra, como en *Luna lunera* y en el libro de Gamel Woolsey, *Málaga en llamas*, prologado por Regàs y que constituye un ejemplo del viaje convertido en texto. Los escritos regasianos de viajes tienen el mismo tono ambivalente que sus narraciones de ficción, quizá para subrayar la naturaleza inestable de la realidad.

La narrativa de Regàs mezcla la anécdota personal con la realidad que describe, lo que la entronca con *Sentimental Journey*, de Lawrence Sterne, y *Treasure Island*, de Stevenson, traducidos por ella al español, igual que Conrad. Regàs hereda de estos escritores de viaje su conciencia ética y estética para asumir la esencia de la literatura tradicional y transportar al lector a todo tipo de aventuras hasta hacerle desembocar en la mayor de todas, la aventura humana del conocimiento propio. La literatura de Regàs es una invitación al viaje, un viaje que resulta distinto para cada lector: "[v]iajar es romper la rutina, comprender y compartir lo que nos es ajeno, descubrir miles de cosas, aunque las imágenes que estemos viendo las conozcamos hasta la saciedad a través de los libros, las películas o las fotografías" (citada en Preciado 22).

De Regàs puede decirse que constituye un paradigma de escritora de textos viajeros de finales del siglo XX y, como tal, pertenece al canon de este tipo de literatura. La literatura de viajes es un género tradicional español que en el siglo XX pasa por Azorín, Baroja, Ortega, Pla, Camilo José Cela, Daniel Sueiro, Jesús Torbado, Bartasal Porcel, Luis Carandell y Antonio Muñoz Molina, entre otros. Sin embargo, llama la atención que las escritoras viajeras sean poco conocidas. En la colección de relatos *El peor viaje de nuestras vidas*, editado por Jesús Torbado, sorprende que se incluya sólo a tres mujeres, Cristina Morató, Rosa Regàs y Carmen Sarmiento, en un total de trece cuentistas.

3.10 Conclusión

En este capítulo hemos demostrado que el motivo del viaje, literal o imaginario, juega un papel destacado en la escritura de Regàs. Hemos explorado la teoría del viaje que incluye tanto relatos en primera persona como percepciones y una competencia cultural determinada que, en el caso de Regàs, consiste en la voluntad de desentrañar la realidad a la manera de Lawrence, Conrad o Stevenson. Por falta de una definición concreta de la escritura de viaje, a la que se considera mezcla de novela, ensayo, dietario y memoria personal, proponemos que los dos libros de viajes de Regàs se interpreten como literatura híbrida, entendida ésta como suma de géneros donde lo importante es su enorme capacidad de sugerencia. Analizamos luego la noción de viaje en sus novelas a nivel lingüístico, subjetivo e ideológico, observando que siempre produce resultados positivos para sus protagonistas. Mientras las novelas de Regàs se pueden calificar como libros de partida, los nueve cuentos de *Pobre corazón* son textos de parada o aventura interior. En todos ellos, el viaje real o imaginario es necesario. El itinerario imaginario o aventura interior ilustra la intención de indagar en el ser humano y la realidad.

Finalmente demostramos que Regàs es una de las pocas escritoras viajeras españolas de finales del siglo XX. Concluimos que hay una serie de cuestiones sociales serias planteadas en toda su obra, muchas de las cuales entroncan con la noción del viaje. Señalamos que el lema de su literatura podría muy bien ser "hay que viajar" para encontrar la propia identidad y deshacerse del lastre de las imposiciones sociales. En definitiva, en Regàs el viaje es un emblema de energía sin descanso para cambiar el mundo.

NOTAS

[1] Casualmente es otra colección de cuentos publicada en el mismo año que *Pobre corazón*, 1996. Coinciden en que sus siete protagonistas también tuercen el destino a su favor aunque, a diferencia de *Pobre corazón*, las "modelos" de Almudena Grandes tienen la firme voluntad de no tolerar que la vida las avasalle.

[2] La protagonista de la novela de Ángeles Caso, Mariana, representa también la historia de una huida.

Capítulo 4

La memoria cultural

En este capítulo analizaremos la función de la memoria en la narrativa de Regàs, pues constituye un rasgo definitorio de su escritura. Evocar el recuerdo contra el olvido es un factor esencial en su estética, con la particularidad de que la memoria actúa como una especie de plataforma de lanzamiento hacia la insinuación y la sugerencia.

¿Qué entendemos por memoria? y ¿por qué se recuerdan unos hechos y se olvidan otros? En la obra de Regàs, la memoria aparece como una experiencia segmentada de tal manera que somos capaces de distinguir un acontecimiento de otro (Groeger 3). Definir un acontecimiento no es fácil. Por ejemplo, recordar el intento de golpe de Estado del 23 de febrero de 1981, fecha-símbolo social en España, funciona en la mente de Regàs como detonante para recuperar su "primera memoria". Ésta adquiere carácter de testimonio, pero viene tamizada por la fantasía hasta el punto de que memoria e imaginación resultan inseparables, invitando al lector a crear una historia y hasta una leyenda:[1]

> Crujía el suelo de tablas de madera pulida por el paso de tantos años, igual que crujieron los muelles del somier cuando nos lanzamos los dos sobre el montón de colchones blando como la espuma, y no callaron en toda aquella larga noche de marchas y galopes por las amplias llanuras de la pasión imprevista que había desencadenado un extraño y desconocido azar y que nos había lanzado hacia la misma vorágine de angustia y de

placer que nos dejó huérfanos a los dos de nuestra virginidad.
("Glorioso aniversario [23-F]" 116)

La cita anterior apunta a una fecha histórica o memoria pública
asociada con un momento trascendental en la vida de la protagonista o memoria privada, fusionando un acontecimiento político
nacional ("tejerazo") con uno particular de igual orden ("forcejeo
por penetrar" 115). Ambos coinciden diluyéndose las fronteras entre
historia y vida, y erosionando las diferencias entre autobiografía,
ficción y comentario académico.

La escritora se coloca en la posición del *outsider,* del que se
queda fuera en su propia casa (Cixous, *Rootprint* 10). Cixous ha
argumentado que el espacio de la escritura de la mujer está en
un intermedio que consiste en imaginar un espacio sublime, una
fantasía poética, emigrar hacia un lugar más libre en un intento de
alcanzar territorios desconocidos ya que "la escritura está más allá
de nosotros, siempre va hacia adelante" (*Rootprint* 102). Se trata
de un posicionamiento ambiguo entre la autobiografía y la ficción
que Rita Felski señala como característica de la escritura feminista
reciente (165). Por otro lado, en la crítica literaria actual hay un
nuevo campo de investigación en la llamada "memoria cultural" que
estudia el imbricamiento entre memoria pública y memoria privada
invitando a reflexionar sobre los conceptos de nación y comunidad
(memoria pública) que pueden ser manipulados, dependiendo de
la memoria personal de cada uno. Ejemplo de ello sería "Glorioso
aniversario".

En la dificultad de definir un acontecimiento público que marca
la historia individual reside el valor de la memoria como elemento
manipulable que se presta a cualquier interpretación. El delicado
momento del 23-F de 1981 es recreado por Regàs para sugerir que
la transición política, simbólicamente representada con su paso de
niña a mujer, se hizo muy bien, "como un único, dulce y sorpren-
dente" (118). Si tenemos en cuenta que la autora nació en 1933 la
imaginación está haciendo de las suyas, pues no son 15 años sino
48 los que tiene la protagonista. Este tipo de memoria imaginaria
se observa en otros escritores como Manuel Vázquez Montalbán

o Juan Marsé, quienes también han escrito sobre el 23-F con una memoria baudelaireana que resulta indivisible de la imaginación. De la mano de Unamuno Regàs se pregunta si una nueva escritura de la historia la hace más cierta, como si de una crónica se tratara y, al modo galdosiano (recordar los títulos en los *Nuevos episodios nacionales*) Regàs nos convierte en testigos directos de un hecho histórico para redescubrir en nosotros al vigilante que todo lector lleva dentro.

Los cuentos de *Pobre corazón* pueden considerarse como una memoria social que refleja lo que Unamuno denominó "intrahistoria", manifiesta en la cotidianidad de la existencia de la gente común. El narrador de estos relatos cuenta lo que ha vivido, ha presenciado o le han contado. En *Viaje a la luz del Cham*, Regàs mantiene un interés por la política, el cual le induce a reflejar la importancia que la memoria tiene no sólo para la autora sino para cualquier país, puesto que constituye la base donde se apoya "nuestra ideología" (*Viaje a la luz del Cham* 254).

La escritura de Regàs se adviene a la advertencia de Sartorius y Alfaya de no confundir la amnistía con la amnesia. Para hacer las paces con el pasado hay que conocer lo que sucedió, no se debe olvidar la dictadura franquista ni su tiranía, relativizando sus efectos devastadores, ya que se les usurpó la libertad a los ciudadanos durante tantos años que no es justo que se les quiera robar también la memoria. Regàs así lo manifiesta cuando escribe: "[m]i homenaje a los que hicieron de su vida un anónimo testimonio de sus ideas, mi homenaje a todos ellos desde este país que también tiene, como todos, sus traidores, sus olvidados, sus amnesias" (*Viaje a la luz del Cham* 254). Tal sentencia constituye una ideología o compromiso intelectual, pero sobre todo advierte que la memoria corre el riesgo de perderse en las personas y en los países. Respecto a las primeras, ello ocurre en casos de Alzheimer o de amnesia (Huyssen 1). Los países, por su parte, pueden verse afligidos por distorsiones o pérdidas más o menos graves del recuerdo de su propio pasado.

Hoy la memoria está en peligro, como señala García-Posada en "Memoria del maquis" y Regàs retrata en "La nevada", como especie de homenaje a la figura del maquis o guerrillero de la resistencia antifranquista, pero que luego fue olvidado y traicionado por la Europa de la posguerra y los demócratas españoles. Varios factores contribuyen al riesgo de perder la memoria. Como ejemplo baste el artículo de Sánchez-Prieto, "Cien años sin memoria", para quien el siglo XX es el siglo del olvido. España no es una excepción. El tiempo que transcurre de 1898 a 1998 son cien años de desmemoria, "responsables de una conciencia histórica deformada" (Sánchez-Prieto 13). A pesar de ello, desde finales del siglo XX, muchos intelectuales escriben obras centradas en la memoria y no sólo en España, como prueban las publicaciones de Günter Grass (*Mi siglo*), Zoë Jenny (*La habitación del polen*) y John Updike (*Hacia el final del tiempo*). En nuestro país destaca el estreno de *Misión al pueblo desierto*, de Buero Vallejo, quien asegura que "la guerra civil no ha terminado aún en España" (Torres, "La guerra civil") y el ensayo *La memoria insumisa*, co-escrito por Sartorius y Alfaya, además de novelas y relatos íntimos como *Luna lunera* y *Sangre de mi sangre* de Regàs.

En un contexto sociológico, la literatura de Regàs es una voz memorialista, es también un híbrido que oscila entre la memoria de lo vivido, el yo viajero, público o social y la memoria reflexiva, el yo biográfico, testimonial y privado que acumula lo que le ha acontecido. El recuerdo siempre está ahí como un todo esencial, donde la clave reside en la percepción, en la forma particular de ver/escribir un acontecimiento. Transferir esa memoria personal a una mirada universal es tarea del escritor, como veremos en este capítulo. Ahora que se ha puesto de moda el tema de la memoria, no extraña que escritores como Francisco Ayala aseguren que "las novelas que hoy se escriben son memorias disfrazadas" (Domínguez Lasierra 260), y que los editores españoles apuesten por ella.

En este capítulo nos proponemos: a) examinar los valores de la memoria en la narrativa regasiana y compararlos con la de otros escritores; b) analizar la memoria cultural en el cuento "El abuelo y *La Regenta*"; c) estudiar la memoria de los personajes en tres novelas; y d) subrayar el enfoque personal de la memoria en la escritura regasiana. Uno de los resultados de este estudio es que Regàs utiliza la memoria como un tema histórico y cultural, citando la guerra civil, la dictadura, el nepotismo pero también referencias musicales, gastronómicas, sensuales o irónicas, sin caer en la tentación de hacer "novela histórica contemporánea" entendida como "la mezcla equilibrada de ficción y documentación" (Langa Pizarro 81) porque, aunque se dan datos históricos, la intertextualidad es arrinconada por los sentimientos y la visión poética y literaria de un pasado con el que los personajes quieren reconciliarse.

El enfoque de Regàs es historiográfico porque sus protagonistas dan testimonio de lo que vivieron en los días más negros de la dictadura o de una pasión amorosa, pero de forma significativa al final de cada novela, apuestan por el olvido y la fantasía más que por el recuerdo. Si la memoria recobra el sentido de un lugar, siguiendo a Plank (186), un lugar también evoca una memoria. Así sucede con Almator, por ejemplo, al que no se debe volver, pero tampoco conviene olvidar que "aquí" algo ocurrió. La memoria se asocia así con los ecos de un lugar, que persiste en forma de fragmentos de una canción, "Luna lunera cascabelera", o con un dejo de color (*Azul*). Sea cual sea la óptica desde la cual nos comunica su particular visión del mundo, Regàs destaca la nostalgia recurrente de un pasado que necesita ser aclarado y el poder de la imaginación para sublimarlo.

4.1 La memoria como compromiso intelectual

Utilizamos el concepto de memoria para referirnos a los recuerdos y experiencias evocadas en la narrativa de Regàs. Su obra es una memoria, en cuanto reconstrucción propia o ajena, de la vida y la obra de un personaje y/o un paisaje. Es una forma de ordenar los recuerdos o describir la personalidad del protagonista/paisaje y con ello conocer mejor su época y circunstancias. La memoria sirve, entre otras cosas, para actuar como conciencia histórica, constituyéndose en un compromiso para el intelectual, una de cuyas principales responsabilidades es despertar la conciencia de quienes hacen la política y advertir a la gente sobre los diversos riesgos que corre la humanidad. Esta opinión pertenece al premio Nobel Günter Grass, quizá el mejor ejemplo actual de escritor comprometido, quien considera la memoria como su principal materia literaria (Ruiz, "Volver a la historia").

Toda la obra de Regàs demuestra conocimiento y rabia por la historia reciente de España. La gran diferencia entre la guerra civil española y las guerras de 1914 y 1939 fue que en aquélla ganó el fascismo y, en éstas fue derrotado. A ello se debe que los logros conseguidos por las mujeres españolas en los años de la II República se truncaron de raíz, mientras que las mujeres de otros países consolidaron sus posiciones (Riera y Valenciano 38). La experiencia de una infancia marcada por la guerra, la escasez de libros con la que crecieron, la censura y las dificultades para publicar en una España en la que ser joven era un obstáculo, acabaron por unir a una generación de escritores conocida como generación del medio siglo, cuya principal seña de identidad es la recuperación de la memoria histórica que ellos consideran su compromiso con la sociedad actual. La incorporación del paisaje y la textualización de la memoria histórica es lo que hermana a los escritores de la generación del cincuenta con novelas como *Primera memoria*, *El cuarto de atrás* y *Los niños de la guerra*. "La literatura como ficción se mezcla con la memoria", dice Martín Gaite para la que ser joven es ir atesorando todo lo que se ve y se lee. Reconvertir todo eso en literatura es "el acceso a otro reino" (Castilla, "Tres escritoras").

La memoria, en cuanto vuelta a la historia, se convierte así en una obligación intelectual para cualquier escritor que ha de mantener un ojo avizor hacia todo lo que acontece en el mundo, como dice Regàs en su artículo "Desconcertantes sesenta", cifrando en aquellos años "no sólo el descubrimiento de su libertad personal, sino el de su conciencia política" (*Retrato de un siglo* 179). El grado de involucramiento personal de Regàs con la época que le ha tocado vivir, especialmente los cruciales años sesenta, es algo a tener en cuenta a la hora de evaluar su obra. Sobre este doble descubrimiento Regàs nos deja en, *"Gauche divine"*, una de sus obras más autobiográficas, comparable sólo a *Sangre de mi sangre*:

> Yo, acostumbrada a un restringido círculo de amigos adictos al catalanismo religioso, viví aquel descubrimiento que se produjo al mismo tiempo que mi ingreso en la universidad, como si un hada hubiera tocado con su varita mágica mi vida

costumbrista y rutinaria y en apariencia tan inamovible y la
hubiera convertido en una página en blanco que yo habría de
escribir con lo que me quedaba por descubrir sobre mi persona
y mi presente, sin la ayuda de consejos, normas, preceptos ni
modelos. (18)

La semejanza entre personaje y autora en *Memoria de Almator*
invita a una interpretación feminista. Vida y obra de la escritora
están estrechamente ligadas en el feminismo, puesto que ninguna
crítica es imparcial y siempre se habla desde una determinada
posición conformada por factores culturales, sociales, políticos y
personales (Moi 55). Hay muchas maneras de acercarse a la obra de
Regàs y una de ellas es desde la perspectiva sociológica. El feminismo
de tipo teórico equiparando autor con personaje y afirmando que
éste es el doble de aquél, "una imagen de su propia rabia y ansiedad"
(Moi 72), es aplicable en este caso, pero hay que puntualizar que
la forma autobiográfica de escribir no es exclusivamente femenina
o feminista, ya que la memoria entendida como una proyección
(semi)autobiográfica es observable en muchas literaturas, por
ejemplo, en el grupo de escritores, sobre todo masculinos, conocido
como grupo leonés y representado por Luis Mateo Díez, José María
Merino, Juan Pedro Aparicio, Elena Santiago y Jesús Torbado
(Langa Pizarro 53). Todos los escritores utilizan la memoria como
motor principal de la acción. Así ocurre también en la novela *París*,
de Marcos Giralt Torrente.

La textualización que Regàs hace de su propia vida y personalidad se explica más por el enclave socio-histórico de la generación a
la que pertenece, es decir, la generación de la guerra, que a supuestas
cuestiones de género. No se debe limitar la escritura regasiana a su
trasfondo biográfico, puesto que hacerlo no dejaría de ser un ejercicio reduccionista. Como Riddel propone para referirse a Matute,
Quiroga y Martín Gaite, el contenido autobiográfico de una obra
tiene que ver más que con datos estrictamente biográficos, con los
conflictos que se presentan y la particular forma de hacerles frente,
estableciéndose así una posible analogía entre la situación narrativa
y la situación vital (67).

4.2 La memoria cultural en el cuento "El abuelo y *La Regenta*"

Una técnica narrativa que se repite tanto en las novelas como en los cuentos de Regàs es la incorporación de la memoria de un personaje que cuenta retrospectivamente su vida. Su memoria se presenta normalmente a través de un viaje que le sirve para recordar los períodos críticos de su historia. Cada personaje comprende su pasado y acaba refugiándose en "la soledad como logro de independencia y de auto-confianza" (Lawlor y Rigby 277).

Ahora vamos a detenernos brevemente en el cuento "El abuelo y *La Regenta*" para ilustrar que la trayectoria de los personajes femeninos de Regàs tiene que ver en parte con la experiencia de su creadora y que entendemos memoria como un trasunto de lo que ella ha vivido y leído. Todo escritor está situado en una cultura, forma parte de ella y su memoria se entrelaza con la de muchas otras personas, hecha de experiencias y de sueños. Igualmente, la memoria del escritor brota de lo vivido en la infancia y en la adolescencia y de las lecturas hechas a través de los años (Higuero 34).

El contenido de la obra de Regàs procede, como ella misma ha reconocido en diversas entrevistas, de hechos que le han sucedido y de la influencia cultural asimilada, como se refleja en el cuento "La inspiración y el estilo", título tomado de una obra de Juan Benet, cuya ficción se clasifica como "novela testimonial" (Langa Pizarro 84). La novela de Benet, *Saúl ante Samuel*, editada inicialmente por Regàs, en un ejemplo de testimonio del pasado que sigue latiendo en el presente. Se trata de una memoria literaria que se cruza, por tanto, con otra personal y dolorosa, construida con retazos de historias escuchadas y vividas desde su infancia hasta la actualidad. De ahí la importancia del narrador que recuerda lo que vio o le dijeron de niño. La infancia de Regàs coincide con la guerra civil y la posguerra, cuyos participantes no olvidan las razones y sinrazones de ese acontecimiento bélico y sus secuelas ni los rostros de destrucción, muerte, odio y silencio.

Dado el contexto de una familia destrozada por la guerra, no es de extrañar que en la literatura regasiana se detecte y se deteste la doble historia, personal y social, como se evidencia en "El abuelo y *La Regenta*", cuento donde se mezclan la memoria personal (El abuelo) y la memoria literaria (*La Regenta*). La memoria autobiográfica se pone de manifiesto en los nombres de los personajes, que se corresponden con los de la familia de Regàs. Ahí desfilan sus hermanos Xavier, Oriol y Georgina junto con sus tías, el tío Miguel, su padre, Francisca, ama y cocinera, el canónigo y el abuelo.

El asunto es pues de corte autobiográfico, que puede resumirse como el álbum de familia de la escritora, quien nos cuenta cómo de pequeña pasaba los veranos con su familia, en una casa que su abuelo tenía en el Maresme catalán. La proyección autobiográfica se refleja también en el gusto de Regàs por el paisaje de Cataluña y su vinculación afectiva al Ampurdán y a su casa veraniega. Esta ambientación ya aparecía en su primera novela, *Memoria de Almator*, pero este cuento es trasunto de lo que luego se convertirá en la tercera novela, *Luna lunera*. La acción del relato transcurre en la casa del Maresme, privilegiándose la biblioteca, especie de sala multiusos donde se hacían los deberes, se daban las clases de piano, se leía y se refugiaban personas y cosas, como el busto de Mosén Jacinto Verdaguer.

En este brevísimo cuento Regàs capta parte de la memoria cultural de España, dando cabida, de forma heterodoxa, al tema de la religión representado por la figura dictatorial del abuelo. La tesis de este cuento es el peligro que conlleva la construcción de la cultura a partir del poder. Mostrando la tiranía del abuelo, "un Moisés del Maresme" (25), delata las injusticias de las políticas autoritarias tanto en su familia como en el país. Regàs adopta un punto de vista múltiple, el hegemónico del abuelo, el oprimido de las nietas y el religioso del canónigo, para generar hipótesis sobre el reduccionismo unívoco versus la heterogeneidad.

Concluimos que el cuento "El abuelo y *La Regenta*" es un ejemplo de memoria cultural, no sólo por su eclecticismo sino porque contribuye a pensar de otro modo los vínculos culturales y sociales de los textos literarios con la tradición, las imágenes religiosas y los procesos comunicativos. El objetivo último de este cuento no es tanto representar la voz de los silenciados como entender y nombrar los lugares (la casa y la biblioteca en cuanto escenarios de tensión) y los roles culturales como un complejo fenómeno intertextual.

4.3 *Memoria de Almator*: un alma torturada

Memoria de Almator es una novela donde aparecen entremezcladas dos memorias. Relata a la vez la historia de un pueblo catalán, Almator, y la vida de la protagonista en la que aquél juega un papel importantísimo. Si tuviéramos que definir la memoria autobiográfica de un personaje y no de su inventor, esta novela sería un modelo paradigmático. Siguiendo la definición de Brewer, diríamos que se trata de una memoria personal entendida como la recolección de un episodio particular del pasado de una persona (36). Nada es más sugerente del pasado que la casa de Almator, donde la protagonista pasó parte de su infancia. Un pueblo antiguo que cuando ella tenía ocho años estaba compuesto por varias masías a pocos kilómetros del Mediterráneo, en un valle que terminaba en "la Casa Grande que presidía los campos y los bosques y todas las casas" (22).[2]

La situación de la propiedad representa una estricta jerarquía social y una profunda aversión al mestizaje, a los cuales la protagonista va a hacer frente.

Desde las primeras páginas, la novela rezuma cierto sabor literario antiguo. Una memoria literaria que podemos identificar como intertextualidad, la cual está caracterizada por un estilo reminiscente del objetivismo intimista de Galdós (*Doña Perfecta* o *Misericordia*) y por la incorporación de costumbres tradicionales, ejemplificadas en la herencia familiar que siempre le correspondía a un varón (25).

La novela comienza con una herencia inesperada que desata un proceso de auto-conocimiento para la protagonista, quien descubre sus raíces de forma accidental y cuyo tránsito por el pueblo de su infancia le sirve de bagaje cultural para ir con paso firme por la vida, insinuándose que quien olvida sus raíces pierde su identidad. En cierta forma la novela de Regàs viene a decir que uno tiene que saber de dónde viene y cuál es su legado, porque desde tierra movediza no se hace nunca nada, como es el caso de Martín en *Azul*, anquilosado en el barro sin poder actuar.

De acuerdo a John Locke, una persona puede tener identidad sólo si guarda continuamente memoria del pasado. Éste es el caso de la protagonista de Almator, quien empieza a adquirir identidad cuando utiliza la memoria para valerse por sí misma. La trama está construida a través de una voz testimonial retrospectiva que ensambla varias historias consecutivamente. Por un lado, está la suya propia, de heredera única de una familia catalana burguesa. Sus recuerdos forman la memoria individual. Por otro lado, los habitantes de Almator representan la memoria colectiva con sus tradiciones y el orden jerárquico de las masías. Estas dos historias coexisten en un lugar imaginario, espacio de usurpación del poder, en el que eres según el lugar en el que vivas y los bienes materiales que poseas, donde las fronteras de masía a masía están delimitadas, y donde los rumores están siempre presentes (394).

Tanto la memoria colectiva del pueblo como la individual de la protagonista la someten a un estado de abstracción hasta el punto de que al principio no sabe qué decir, pensando: "¿qué podría decir yo? Todo ha sido un sueño, una invención" (473). Esta frase remite al título de la novela de Terenci Moix, *No digas que fue un sueño*, prologado por Regàs donde asevera que una de las cualidades de cualquier narrador debe ser:

[d]ar rienda suelta a su fantasía y a su imaginación de tal modo que aún describiendo un hecho concreto ya ocurrido, un acontecimiento personal o histórico, lo envolverá en el torbellino de la fabulación, trascenderá de la mera realidad y lo convertirá en un hecho insólito y genuino. (Prólogo 1)

Palabras que se ajustan a su propia escritura. Al final la doble memoria lleva a la protagonista a desligarse de su familia, hasta el punto de decir que: "yo no tengo antepasados" (478). La protagonista anónima se ve nuevamente repudiada en el pueblo de su infancia, lo que en un principio le sirve para replantearse su identidad a través de un proceso memorístico personal y social. Se produce así una contraposición entre lo que fue su paraíso perdido (infancia y adolescencia) o memoria personal con la vorágine de la realidad o memoria social actual. A su vez, recomienda al lector no volver a los lugares de la memoria para "mantener el recuerdo intacto" y no "distorsionarlos y envenenarlos y finalmente destruirlos" (469).

Memoria de Almator reivindica el recuerdo o "viaje mental". Se trata de la nostalgia de la infancia, que quiere revivir pero rechazando la vuelta física al pasado porque hacerlo, para la mujer, supone el derrumbamiento de la felicidad infantil. La conclusión a la que llega resulta contundente. Su abuela quiso destrozarle la vida, pero al final se descubren esas malas intenciones y la protagonista, que vivía sustentada por su pasado, por los recuerdos de su infancia, de su marido y de sus amantes, se da cuenta de que éstos ya no le sirven.

La memoria colectiva o popular de Almator se transforma para la protagonista en memoria mítica, claramente entendida como síntesis de recuerdos personales y culturales que han esclarecido el suceso histórico que había nublado su vida personal. Casi al final de la novela, la protagonista "ante el espejo" halla su verdadero rostro, imagen que le sirve para delinear su propia identidad, lo que en literatura feminista equivale a escribir autobiográficamente, ante el espejo (Wilson 247). La protagonista descubre la memoria infantil cuando se corta el pelo, porque este acto le recuerda "aquella niña" del pasado que se convirtió en una "apocada, dócil, paciente y pasiva mujer", que ahora está camino de la regeneración, "sustituida" por una nueva mujer (455).

El proceso de rememorar conlleva una transformación en el presente. Al final somos testigos del cambio realizado por esa mujer, que se produce a medida que avanza la novela. Cumpliendo la principal función de la memoria, la protagonista se auto-descubre recordando el pasado que actúa como catalizador, es decir, mientras recuerda modifica su conducta. En este sentido, *Memoria de Almator* presenta el proceso de transformación de una mujer que por azar se enfrenta con su pasado, pero que por decisión propia aprende a vivir desligada de él. Al final la protagonista anónima es una extraña en su propia tierra: "yo, en cambio, me sentía extranjera en aquella casa que sin embargo era tan familiar" (400). Su exilio interior puede interpretarse como una denuncia de las costumbres de la posguerra, representadas por el mundo asfixiante de Almator y, por extensión, de la dictadura franquista, encarnada paradójicamente en la figura de la abuela.

La protagonista de Almator ya no necesita de un espacio definido dicotómicamente para consolidar su identidad. Su experiencia en el pueblo ha sido traumática pero también catártica. El pueblo representa el mundo y a la vez la verdadera genealogía de sus antepasados. Descubre que, al ser hija de padre charnego andaluz y madre burguesa catalana, había sido objeto del odio de sus abuelos maternos porque la hija de éstos murió al darle a luz después de fugarse para contraer matrimonio con un hombre cuyo *status* dejaba mucho que desear en aquel contexto socio-económico.

Regàs construye sus personajes a partir de la memoria de éstos y el recuerdo de la infancia que nunca les abandona. Es un recuerdo que a veces produce nostalgia, como cuando el padre de la protagonista de *Memoria de Almator* le solía decir que uno tiene que ayudarse a sí mismo: "si buscas una mano que te ayude la encontrarás al final de tu brazo, había oído decir de mi padre" (482). *Memoria de Almator* es una reflexión sobre el poder de la memoria para cimentar la identidad. Así, el pasado es la inversión del futuro y el tiempo que pasa en Almator constituye para el personaje principal un viaje al centro de sí misma. No pierde lo mejor del pasado porque, con la ayuda de la memoria, ha recuperado el entusiasmo de la joven que fue. La nostalgia de su infancia aparece identificada con los veranos en Almator, una experiencia que, mitificada en los recuerdos, ha teñido distintas regiones de su personalidad. Una de ellas es la del origen de su lenguaje personal, proceso que se produce, en gran parte, a través del filtro de un mundo habitual que estima como íntimo, privado:

—Toma—me dijo y al pasármelo retuvo un segundo más de lo preciso su mano sobre la mía, y por un momento volvimos los dos a tener ocho años y a saber que la falta de palabras y de conversación no nos aislaba como a las personas mayores que éramos ahora. (84–85)

La acción aquí descrita pone de manifiesto la simpatía oculta que siempre ha sentido hacia Darío, el hijo de los señores de la Casa Grande y que ella asocia con sus años de infancia y con su primer amor. La intimidad que se evidencia en esta escena coincide con la teoría de Carlos Barral que identifica el mundo habitual de la experiencia con los orígenes del propio lenguaje: "[d]e indicar la posible relación de ese paisaje escogido de la infancia con los primeros nombres propios de las cosas y las relaciones comunes" (81). En este sentido habría que considerar las diferentes formas de identidad que puede albergar el ser humano.

Por otro lado, como personajes insignificantes, los habitantes de Almator y algunos hechos triviales como la construcción del gallinero y el estercolero y su posterior destrucción, constituyen la verdadera materia histórica. Nunca se sabe hasta qué punto el azar, en forma de inesperada herencia, determina la visión del pasado. Un documento que se pierde o se conserva casualmente, como el secreto de la abuela guardado en su eucologio, puede determinar que quede memoria o no de un hecho relevante, de un personaje o de todo un pueblo (Díaz-Mas 88).

4.4 *Azul*: el recuerdo como salvación

Azul es una novela que se desarrolla alrededor de las sensaciones, los recuerdos que éstas despiertan y los cambios que ha ocasionado el paso del tiempo. La memoria aparece de forma dolorosa, pero con un resultado positivo. Paso a paso, como en *Memoria de Almator*, los protagonistas adquieren la sabiduría de quien madura al reconocer que no hay que luchar contra el tiempo ni el deseo. Los personajes de *Azul*, por diferentes motivos, prefieren evitar su pasado, como Leonardus, un mafioso internacional, Andrea, una mujer adúltera, o Martín, que intenta huir de una pesadilla infantil que lo tortura hasta el final de la novela (235).

En lugar de escribir un alegato en favor de la memoria, más bien se evidencia de nuevo la preferencia de Regàs por recrear una nostalgia, una imaginación para "buscar consuelo" y un azar que de nuevo se centra en la infancia, la cual "permanecerá incólume hasta el final de la vida" (*Azul* 235), como una especie de primer agua o fuente primigenia que marca irremediablemente nuestro "rumbo" o destino. El azar resulta clave en la historia porque, si bien el viaje marca un hito en la vida de los personajes, al final todos prefieren olvidar lo acontecido durante los dos días en la isla griega.

Si en *Memoria de Almator* la protagonista justifica su resistencia a volver al pasado porque prefiere mantener intacto el recuerdo de la infancia, en *Azul* la memoria imaginaria funciona como refugio en donde se distorsiona un viejo amor para evocarlo más feliz de lo que había sido. La memoria aparece así como técnica narrativa ofreciendo información al lector. Por medio de un crucero, un narrador en tercera persona que nunca interviene en la narración (un extraño), retrata el amor de una pareja diametralmente opuesta. La técnica narrativa basada en la memoria de los personajes encubre la intención de analizar los motivos que los llevan a comportarse como lo hacen y, en particular, trata de demostrar que no se puede escapar de la propia identidad, la cual está predeterminada por el lugar de nacimiento y por la imagen que "los otros" tienen de nosotros (204).

Las actitudes de los personajes vienen dictadas por su pasado. Desde que se produce el acercamiento entre los dos protagonistas de *Azul*, la historia avanza a través de la memoria. Ambos recuerdan sus orígenes y en el pasado encuentran latentes las causas de su desamor. Desde el principio se observa que su incapacidad para el amor se debe a las diferencias entre los lugares donde nacieron y crecieron. Martín es un forastero en la vida, estilo e ideas de su esposa y esto, en parte le atrae a ella. Andrea es una persona activa que, al igual que a Leonardus, le encanta viajar. Es una mujer que ama el mar. Está casada, tiene dos hijos, un futuro resuelto y diez años más que Martín, un joven brillante pero que odia la mar (42).

Martín está traumatizado desde su infancia por un sueño que explica su comportamiento. Desde el comienzo se sabe que tiene pánico al agua, lo que al final ayuda a interpretar sus extrañas reacciones, primero frente a Andrea cuando la empuja al océano para asesinarla y, más tarde, cuando ya perdonado por ella, se plantea la posibilidad de empezar una nueva vida solo, tomando un barco que está a punto de zarpar, aunque algo le impide dar el salto. La parálisis y la aversión de Martín al mar se originan en la pesadilla infantil donde él queda atrapado "por el barro" con "los pies paralizados en el suelo" (42). De manera parecida ocurre cuando "Martín seguía sin preguntar apenas y ella, aun sin capacidad para decidir, era quien en último término tomaba las decisiones" (142). Esta construcción de la masculinidad ironizada por la noción de trauma da pie a una interpretación psicoanalítica y también a una lectura feminista, lo cual significa no sólo leer desde una posición definida por la experiencia de ser mujer en una cultura patriarcal, sino también tomar partido como lector en el contexto de una práctica feminista específica (Broughton 135). Así, la novela de Regàs defiende la subjetividad de la interpretación.

La conducta de estos personajes deja claro que Regàs entiende que nuestra primera memoria, identificada con la infancia, constituye una fuente de información imborrable en nuestra vida. A pesar de perder detalles en el recuerdo, la memoria de la infancia nunca llega a variar totalmente con el paso del tiempo. Una de las escenas más importantes de la novela aparece casi al final, cuando la tensión narrativa está alcanzando su máxima intensidad. Andrea le ha confesado a Martín que su verdadero amor siempre fue Leonardus. Martín, por miedo a perderla, en un impulso incontrolable intenta asesinarla empujándola fuera del Albatros. En ese momento él recurre a su memoria. Piensa cuál ha sido su papel en la relación con Andrea y por qué él es el elegido, cuando ella ama a Leonardus: "¿por qué no se fue con él entonces?" (201). En un repaso memorístico que toma forma de monólogo interior Martín reflexiona sobre su amor acentuando la importancia de la memoria como impulso para tomar decisiones. Andrea sabe que Leonardus es incapaz de ser monógamo, porque para él "elegir es renunciar", mientras que Martín le resulta fácil de "mangonearlo a su antojo" (201).

Para Andrea la parada en la isla ha significado una lucha consigo misma. Ha aprendido a conocerse y a tomar decisiones. Sabe que ya no es tan joven como Chiqui, pero a diferencia de ésta, piensa que "una mujer sola, socialmente no existe" (121). Según Andrea, una mujer sola tiene que trabajar el doble que el hombre para

sobrevivir y de ahí deriva el miedo que siente a la soledad. Andrea
entra en una crisis cuando se divorcia de Carlos y sale de sí misma
para buscar un lugar en el mundo (137). El amor de Martín la
marca profundamente, mientras que la amistad que mantiene con
Leonardus le sirve de punto de apoyo. Todos los personajes de *Azul*
giran en torno a Andrea.

   La pregunta "¿cómo se vive [...] sin un guión?" (54) pone de
manifiesto el hecho de que no se puede vivir sin memoria, sin
historia. *Azul* es una novela de amor pero sus personajes también
remiten a la historia de España, porque nos recuerdan de dónde
venimos, es decir, esa España del interior (Guadalajara), de pueblo (Ures) representada por Martín, que contrasta con la España
mediterránea y azul (Barcelona) encarnada en Andrea. Este tipo de
escritura entronca con el proyecto de recuperar un país de colores,
olores y canciones, para contrarrestarlo con el mundo aséptico
actual, caracterizado por la amputación de los sentidos. En *Azul* la
memoria señala la herida amarga de Andrea, pero luego le viene el
recuerdo feliz, la eternización de un instante que evoca "recuerdos
postergados y se nos presenta la esencia de nuestra ciudad" (120).
Esta técnica es de filiación proustiana. El subjetivismo lo tiñe todo:
"evocar", "nostalgia", "a veces una sola imagen en el recuerdo abarca
un período completo y acaba definiéndolo de forma distinta a lo
que fue en realidad" (120). Sensaciones y sentimientos se enlazan
íntimamente, en el recuerdo involuntario, inexplicable, que acomete
de improviso.

   Un "vaso de cerveza" (121) despierta "recuerdos postergados"
(121) para el narrador. En el episodio más famoso de la obra de
Proust, el narrador intenta refugiarse en los días felices de su
infancia. Al principio, no lo consigue: se acuerda de algunas cosas
concretas pero no logra revivir su niñez. Hasta que un día, sin darse
cuenta, prueba una magdalena y en el gusto de ese bollito recupera
todo lo que estaba buscando (Amorós, "El recuerdo"). Tributaria de
Proust, Regàs recuerda para que el lector recuerde. La exploración
del inconsciente resulta evidente en el monólogo interior, es decir,
mediante la relación que se produce entre realidad y percepción
involuntaria, la asociación de ideas y emociones que en el texto se

mueven entre el pensamiento y la acción. Linealidad, causalidad y orden cronológico se rechazan en *Azul*, donde los acontecimientos más bien son evocados y revividos al capricho de la memoria. Igual que ocurre con el abuelo de *Luna lunera*, en *Azul*, como en la vida, se observa la coexistencia de niveles múltiples de conciencia en la memoria de Andrea y Martín. El pasado no puede dejarse atrás, pervive en acciones y reacciones.

La escritura de Regàs se asocia también con los escritores del *boom* hispanoamericano que triunfaron en España gracias al editor Carlos Barral, quien tenía al frente de su editorial a Rosa Regàs, la que ha declarado categóricamente su admiración por muchos novelistas transatlánticos. Al igual que en la narrativa del *boom*, la labor del personaje-narrador se asemeja en la escritura de Regàs a la de un historiador, que compila, compara y organiza información de varias fuentes para reconstruir un episodio del pasado que se repite en la memoria evocadora de un paisaje o un incidente.

Por último, lo que cuenta Rosa Regàs es en gran parte auto-biográfico. *Azul* empieza con un epígrafe de *A Personal Record* de Joseph Conrad, traducido al español como *Crónica personal*. No es un libro de memorias sino el relato de algunos acontecimientos familiares e individuales que se alejan de la confesión acercándose a una forma de narración personal que a menudo incluye la reflexión. Tampoco se puede afirmar que *Azul* es una "novela autobiográfica *per se*" (Ávila López 219). Es más bien una reflexión personal sobre el amor. Persistiendo en la comparación con Conrad, interesa destacar el interés de Regàs por la novela de aventuras y su fascinación por el mar. Por otro lado, los temas de Conrad resultan rastreables en *Azul*, como el problema de la identidad, el oculto o explícito terror hacia lo desconocido, la dificultad de encontrar una base moral segura, la violencia política, la opresión económica, el aislamiento y el miedo existencial.

4.5 *Luna lunera*: la construcción de una conciencia histórica

La memoria literaria se pone de manifiesto para impedir que el pasado se repita, es decir, hay que recordar para no volver a errar.

En *Luna lunera* la memoria funciona como técnica narrativa y tema principal. Pero si en las dos novelas anteriores se recurría a la infancia como paraíso perdido, en *Luna lunera* la infancia se identifica con el infierno (Sanz Villanueva, "El lastre"), por la tiranía de un abuelo terrible, la guerra civil y la ausencia de padres exiliados. Las voces de los niños cobran especial relevancia en la reciente literatura española con la publicación de *Memorias de un niño de Moscú*, de José Fernández Sánchez (Obiol, "La memoria y sus modos") y con la obra que ahora nos ocupa.[3] Escuchar voces infantiles ayuda a comprender a familias republicanas que durante la guerra civil se refugiaron en Francia, Holanda y en el caso de Regàs, Alemania; o en Rusia y La Habana, en el de Fernández Sánchez.

En *Luna lunera* la narración es ulterior pues se trata de una memoria donde se intercalan diferentes historias (27). La voz narrativa pertenece a una tercera persona del singular que corresponde a una de las nietas, Anna Vidal. Desde el comienzo de la novela su voz recuerda la de Anna Frank, por tener el mismo nombre, la misma edad y por padecer las injusticias de la guerra. Sin embargo, a diferencia de Frank, la Anna de Regàs aparece acompañada por sus hermanos y criadas, multiplicándose así la voz narrativa, reminiscente de la intención faulkneriana de crear una personalidad multidimensional, como si fuera "in a variety of mirrors" (Gray 224). A través del colectivo familiar se recompone la memoria hasta ahora mutilada por el silencio que había impuesto el abuelo. Aunque éste está a punto de morir, el pasado sigue vivo y los personajes examinan lo que supuso esa figura en sus vidas, convirtiéndose así la lectura de la novela en un estudio de lo que significa la historia a la manera faulkneriana, es decir, un laberinto de complejidades donde coinciden y chocan fuerzas opositoras, que es lo que denominamos "historia" (Gray 239). El abuelo, personaje cruel y cínico, contrasta con la ternura de sus cuatro nietos, quienes fueron víctimas inocentes de dos castigos: el viejo y la guerra civil. Depositarios, entonces, de una culpa que no alcanzan a comprender (ser hijos de un padre republicano que se rebeló contra el suyo propio) hasta que llegan a la madurez y acuden al funeral del anciano. El tiempo central de la novela abarca aproximadamente los años del final de la guerra civil y casi toda la posguerra, hasta 1965, cuando se reúnen los hermanos ya adultos.

La memoria histórica cobra gran valor en esta novela, que remite a las crueldades cometidas durante el franquismo, cuando personas que gozaban de cierta posición social, como este abuelo, podían hacerse con la custodia de hijos y nietos. La novela no se entiende fuera del contexto de la posguerra con un país escindido en dos bandos ideológicos. Atendiendo a esta división, *Luna lunera* se fragmenta en dos planos: los vencedores, como el viejo, que pertenece a la clase franquista-clerical-financiera, y los vencidos, como el padre de sus cuatro hijos.

Luna lunera ofrece una visión faulkneriana de la posguerra civil española, ya que la versión de la historia con la cual nos comprometemos como individuos y como miembros de un grupo cultural es bastante más compleja por la inevitabilidad de otras versiones de los hechos reales (Gray 2). A través de los ojos inocentes de cuatro pequeños hermanos, Regàs ofrece un cuadro objetivo y crítico de la estupidez de la guerra, que tiene como principal causa la intolerancia de gente como el abuelo, símbolo del dictador totalitario y de cualquier persona de pensamiento limitado. El anciano es bien visto por sus criadas, es capaz de mantener una conversación interesante con sus invitados, pero inmediatamente después es también capaz de castigar injustificada y cruelmente a sus nietos. Lo íntimo se imbrica en lo colectivo, lo individual en lo histórico y por eso en la novela no faltan reflexiones sobre el tiempo y la memoria.

Siguiendo la propuesta de Godoy Gallardo, entendemos que la guerra civil es un factor determinante para explicar la presencia de la infancia en la narrativa española de posguerra. En su estudio *La infancia en la narrativa española de posguerra* divide las novelas publicadas entre 1939 y 1978 en dos apartados: las que textualizan la pérdida del paraíso y aquéllas en las que el pasado se recupera. Lo primero sucede porque la infancia se ha vivido deformadamente o, mejor dicho, no se ha vivido, la guerra la ha destruido y por eso se la percibe como un infierno que se noveliza negativamente. En este primer conjunto caben *Fiestas*, de Juan Goytisolo, *Los inocentes*, de Manuel Lamana y *El otro árbol de Guernica*, de Luis de Castresana.

En las novelas del segundo grupo, la recuperación del paraíso es igualmente traumática pero en este caso, desde el caos de la madurez, se encuentra en la infancia la única etapa plenamente vivida, aunque al tratar de crearlo o recrearlo, ese paraíso se esfume. Así sucede en *Crónica del Alba*, de Ramón Sender, *La forja*, de Arturo Barea y *El camino*, de Miguel Delibes. A estas últimas se pueden adscribir las dos primeras novelas de Regàs, mientras que *Luna lunera* pertenecería al primer bloque pues su tema es la pérdida del paraíso infantil que funciona como correlato histórico.

En el contexto social y literario de finales del siglo XX, al que pertenece la novela, editada en 1999, no es casualidad que se publique "otra obra más" sobre la guerra civil con la intención de no dejarnos olvidar ese tramo crucial de la reciente historia española. Particular empeño pone Regàs en subrayar la alianza entre burguesía e iglesia para preservar una sociedad levítica y clasista.

La trama se sitúa en el medio de la clase burguesa acomodada, detalle significativo en las circunstancias sociales de la posguerra. Aquéllos fueron años de pobreza para la mayoría de los españoles, pero hubo personas ricas que, para seguir siéndolo, se cambiaron de chaqueta. Así pasa con la familia de *Luna lunera*, que de nacionalista catalana pasó a ser nacionalista española y no sufrió la pobreza que padecieron otros. El espacio fundamental de la novela es la gran casa del abuelo donde se sostienen largas conversaciones con las criadas, personaje colectivo de mucha importancia, puesto que constituye la única fuente de información para los niños, quienes conocen la historia de su familia a través de ellas.

Los cuatro niños van descubriendo, gracias a las sirvientas y por experiencia propia, la verdadera personalidad maligna de su abuelo. Nadie escapa a su ira y sus nietos sólo desean su muerte. La distorsión que produce la memoria entre un buen y un mal recuerdo, al final se resuelve a favor de los niños, cuando encuentran en un cajón cerrado con llave las cartas de amor de sus progenitores. En ellas se acusa al abuelo de haber sido una persona despreciable con sus nietos, tanto por haberles impedido que se criaran con sus padres cuanto por los terribles castigos a los que les sometió, robándoles la infancia, inocentes e indefensos en una situación que no comprendían. La novela está permeada por la crueldad del anciano. En cada capítulo hay alguna escena estremecedora, pero ninguna como la secuencia final, cuando los cuatro niños, ya adultos, han acudido como por telepatía, al entierro del viejo, no para sentir su muerte sino para celebrar su propia liberación: "como si, por un conocimiento poético según el cual todos los caminos conducen a Roma" (310).

Regàs explora cómo este pasado inhabilita a sus personajes por un tiempo, llegando a la convicción de que la personalidad humana se forja durante la infancia:

> Moriremos deseando lo que deseamos de niños y llorando por lo que lloramos entonces, y perderemos la vida entera buscando el amor no concedido en la infancia, un vacío que nunca nadie ni nada podrá llenar. (329)

Estas palabras en negrilla subrayan la creencia de que el ser humano posee una memoria que empieza a formarse desde la niñez más temprana. *Luna lunera* indaga la paulatina degradación de cuatro hermanos bajo el efecto de un entorno hostil, en el que recurrir a la memoria es una pesadilla para la psique traumatizada por el pasado. Los personajes viven en un constante exilio interior, el que sirve de trasfondo emblemático del mundo asfixiante de la dictadura franquista.

Experiencias como la guerra, el holocausto o las violaciones masivas de los derechos humanos han sido ya analizadas por varios estudiosos, donde la memoria colectiva tiende a ser artística más que nacionalista. No obstante, en el libro de Marshall Brown (81) se advierte que, si no tenemos en mente la relación entre arte y memoria, la política nacional o étnica reducirá la cultura a una tiranía. Esta idea se refleja en *Luna lunera*, constituida en ejemplo de narrativa heroica. Cuando los cuatro hermanos descubren en un cajón con llave que el abuelo se quedaba con las cartas que sus padres querían intercambiarse, empiezan a recordar nuevamente lo cruel que fue con ellos y, por un impulso involuntario, comienzan a maltratar y a desfigurar su cadáver. Este maltrato, con el que concluye la novela, despierta la simpatía del lector hacia los niños tiranizados por quien debía amarlos y mimarlos.

La ideología de Regàs queda difuminada porque la narradora recurre a la imaginación. Deliberadamente oculta su ideología fabricando hechos supuestamente imaginados con una técnica que Genette denomina "paralepsis" (*Nuevo discurso* 22). *Luna lunera* plantea el problema de la intolerancia ofreciendo un pedazo de nuestra historia reciente mediante la articulación narrativa de materiales emocionales, lo cual siempre ha sido una de las funciones centrales del género novelístico.

En el contexto literario en que nació *Luna lunera* no es mera coincidencia que se publiquen obras relacionadas con la guerra civil y el franquismo, pues esa novela fue escrita con la intención de que todos, y en particular las generaciones más jóvenes, se enterasen de lo que pasó. Frente a aquéllos que quieren dar la historia por concluida y las verdades por incontrovertibles, es decir frente a las ideologías redentoras, *Luna lunera* propone una actitud abierta, donde todas las voces aporten algo sin que haya ninguna que pueda arrogarse el derecho de acallar a las demás.

4.6 Conclusión

En este capítulo hemos estudiado el campo de la memoria cultural como rasgo esencial y permanente de la obra de Regàs. Resaltamos la voz memorialista y su carácter híbrido, que oscila entre la memoria vivida, el yo viajero, público o social, y la memoria reflexiva, el yo biográfico, testimonial o privado. Analizamos el tema de la memoria tanto pública (histórica) como privada (biográfica) reconociendo la necesidad de recuperarla como compromiso del intelectual con su sociedad. Señalamos la importancia de la memoria imaginaria, pues recuerdos e imaginación están estrechamente unidos en la obra de Regàs, invitando al lector a participar creativamente en el proceso de la escritura por medio de la lectura. Si la labor del personaje-narrador se asemeja a la de un historiador que reconstruye episodios del pasado, la versión de la historia que ofrece Regàs es siempre compleja, porque queda difuminada por las voces protagonistas y, sobre todo, porque recurre a la imaginación como refugio de quienes buscan su pasado para mirar hacia el futuro.

Después de haber analizado un cuento y tres novelas de Regàs llegamos a la conclusión de que sus escritos parten de una memoria semi-biográfica, en el sentido de que se basan en ciertas experiencias suyas. La literatura de Regàs es sobre todo una evocación que explora los sentimientos, ligada a la imaginación como fuente de inagotables sugerencias. *Memoria de Almator* se puede definir como la memoria de una familia, *Azul* como la memoria de la melancolía y *Luna lunera* como la memoria con un valor histórico. La reiteración del tema de la memoria permite afirmar que ésta constituye uno de los núcleos articuladores del universo ideológico de Regàs, cuya narrativa se manifiesta como referente de realidades diversas.

La memoria en la obra de Regàs nos enseña aquello que la Historia no puede mostrar, esos mecanismos secretos que motivan a las personas a actuar de determinada manera, esa historia íntima capaz de penetrar en las conciencias y hasta en los sueños de los individuos. En sus novelas los protagonistas viven acontecimientos que quedan marcados tan profundamente en su mente que piensan que son sólo un sueño. La convergencia de asuntos como la experiencia, la orfandad y el odio a la herencia patriarcal impulsa la búsqueda del conocimiento y la verdad. Así, su obra es un intento de rehacer el pasado no sólo para reflexionar sobre él sino como tema, ilustración narrativa de la memoria y para evitar equivocaciones futuras.

NOTAS

[1] Esto mismo ya se daba en la literatura de Baudelaire (Hiddleston 217).

[2] Esta Casa Grande, como la que ella hereda, nos recuerda inmediatamente a la hacienda o el latifundio español o hispanoamericano. Curiosamente en Brasil se le conoce como *Casa Grande* (Cohn 138), cuyo papel representa un paradigma fundamental en la estructura de la organización social: "porque la Casa Grande estaba siempre iluminada […] no sólo porque estuviera en un altozano sino porque era la única desde la que podían verse todas las demás a la vez" (30).

[3] En el artículo de Obiol no se menciona *Luna lunera*, publicada también en 1999.

Capítulo 5

La mirada comprometida: del juego de máscaras a la confesión

5.1 La mirada comprometida

Regàs es "una activista sin cartera" como ella misma se ha definido (Ávila López 235). Es decir, es una escritora que no pertenece a ningún partido político ni a ninguna ONG y que se considera feminista, entendiendo el feminismo como defensa de los derechos de la mujer. Regàs participa constantemente en la vida cultural española. Primero fue destacada activista en la *Gauche divine* un movimiento catalán en contra de la dictadura franquista, cuyo centro neurálgico era la discoteca Bocaccio (también compañía de discos, inaugurada en la primavera de 1967) y el Pub Tuset, locales cuyo propietario era su hermano, Oriol Regàs. Luego se convirtió en prominente editora, trabajando con los editores europeos más importantes del siglo XX y en 1970 fundó La Gaya Ciencia. Actualmente participa en programas literarios televisivos y debates radiofónicos. Este modo de intervención intelectual, de mantenerse al día y de tener contacto con la ciudadanía definen a Regàs como mujer comprometida con la sociedad en la que vive y por la que lucha para que sea mejor: "aprovechando la palestra que tiene [un escritor] para dar a conocer su opinión sobre las cosas que ocurren, cosas injustas" (López 23) y no solamente en las declaraciones u opiniones que le piden.

A forma de ilustración conviene señalar el contraste que ofrece con su amigo Arturo Pérez-Reverte, cuya narrativa es de gran valor estético, pero carente de mensaje social. Es decir, las novelas de Reverte, a diferencia de sus artículos, se pueden definir como "un producto representativo de la cultura masiva del ocio" (Rico 473) mientras que Regàs busca articular su compromiso social en su ficción. El mensaje se expone a través de los personajes, no necesariamente femeninos, que, al final adquieren conciencia crítica, capacidad de indignación e inconformismo. La rebeldía de Regàs la hermana con muchos escritores contemporáneos como Günter Grass, José Saramago, Juan Marsé o Rosa Montero, por citar sólo unos pocos. La originalidad del compromiso de Regàs radica en instar al lector hacia la búsqueda de su propio sueño, de un lugar de libertad en su mente, al descubrimiento de su propio paraíso. Este compromiso se refleja también en los textos que elige para traducir, por ejemplo, la novela de Julia Blackburn, *Daisy Bates in the Desert*, en cuyo prólogo Regàs demuestra su interés por la práctica de la literatura autobiográfica y ficticia a la vez, conjunción que puede parecer un escándalo.

Por otro lado, la mirada comprometida de Regàs está influida por los poetas de la experiencia. Ella identifica poesía de la experiencia con compromiso socio-político, llegando a afirmar que: "toda persona con los pies en la tierra tiene que hacer poesía de la experiencia, sea oficinista, cocinera, poeta o lo que sea" (González 81). Es decir, su idea de compromiso no se limita a los intelectuales sino que se extiende a cualquier persona porque todo el mundo tiene derecho a una voz social y política. En cuanto a los escritores, Regàs prefiere a los comprometidos reconociendo que los poetas pueden escribir lo que quieran y como quieran, pero llegarán más al corazón de sus lectores si hablan de algo que les es común.

En este capítulo nos centraremos en los ensayos y artículos de periódicos y revistas publicados por Regàs hasta la fecha. La influencia de la mujer en el campo de la información va adquiriendo volumen y potencia de marea (Santa Eulalia 127). Dividiremos este capítulo en tres partes. Primero estudiaremos sus dos libros de artículos: *Canciones de amor y de batalla (1993–1995)* y *Más*

Canciones... (1995–1998), luego haremos un breve análisis de sus tres ensayos literarios publicados y, por último, analizaremos otros dos textos de difícil clasificación: *Desde el mar* y *Sangre de mi sangre*, donde Regàs ensaya un nuevo registro narrativo. Nos encontramos con tres discursos diferentes; sin embargo, todos se caracterizan por utilizar la primera persona. Warren advierte que "el uso de la narrativa en primera persona es importante para el feminismo y la ética medioambiental" (131).

Dos aspectos fundamentales deben destacarse en este capítulo. Por un lado, el grado de diversidad discursiva y, por otro, la importancia de la voz narrativa. En el primer capítulo estudiamos cómo funciona esta voz tanto en sus novelas como en sus cuentos, partiendo de que la autora está ausente, aunque todo lo que escribe se basa en su propia vida. En cambio, ahora demostraremos que estos dos nuevos textos regasianos revelan mucho más directamente su pensamiento político y su feminismo que su narrativa. Regàs emplea técnicas textuales postmodernas para construir una posición fija y visible (comprometida) en un mundo altamente mediatizado.

5.2 Canciones con *feeling*

Los temas de la escritura periodística no son, con frecuencia, los mismos que los de las novelas y relatos de Regàs. La recopilación de artículos tiene sentido por sí misma. En *Canciones de amor y de batalla (1993–1995)* y *Más Canciones... (1995–1998)* hay una doble mirada, una "de amor" y otra "de batalla", como anuncia el título de la primera colección. Lo privado y lo público se entremezclan, por ejemplo, en el apartado "Personal", cuyos artículos son las primeras incursiones de Regàs en la escritura, pues empezó a escribir como periodista, lo que la asocia con el grupo de mujeres periodistas que empezaron a publicar a finales de los setenta y forjaron un nuevo periodismo según el modelo americano. Se trata de un estilo caracterizado por el compromiso, como expone Joan L. Brown en su artículo "Rosa Montero: From Journalist to Novelist" (241).

Por otro lado, la mirada personal pero crítica es la que se representa en los apartados "Batallas", "Bello país es Catalunya" o "El reino de este mundo". Tanto la mirada de ternura como la guerrera responden a la consigna del escritor de estar siempre alerta, de ir desarrollando la sensibilidad (Nieto 17). Los artículos de Regàs se caracterizan por una constante presencia de la ironía que funciona a modo de escudo protector porque, como ella misma escribe en el prólogo de la primera colección, "no sea que dejándome llevar de la irritación o el desprecio, su defensa o su denuncia me estallen en las manos como una injuria" (15). Una ironía que también aparece en sus ensayos y que armoniza con la estudiada por Paul Julian Smith en *The Moderns*, entre los cuales se encuentran Francisco Umbral y Fernando Savater (Smith 2). Al igual que estos dos inconformistas de estilos diferentes, Regàs hace crónica de su tiempo con una escritura muy personal. Los dos volúmenes aquí analizados dan una visión sociológica bastante completa de la España de los noventa.

Con mirada sonriente pero puño de boxeador, como aparece retratada en la portada de *Más Canciones*, en ambas colecciones da rienda suelta a la insatisfacción que aparece como sentimiento fijo, independiente de los temas que trata. La mirada comprometida está presente desde las primeras páginas. En el apartado "Justificación y agradecimiento", a modo de prólogo, Regàs justifica estos artículos como protesta y empujón al lector para despertarle del letargo ideológico que aqueja a la sociedad actual, que "se ha cobijado en el conformismo más igualitario y más susceptible de ser manipulado y tiende a consolidarse como una congregación ávida de imágenes, breve de ideas, parca en protestas y falta de coraje" (11). El hilo conductor no deja de ser la contraposición o dualidad entre lo social y lo personal en la mirada siempre crítica de Regàs. En estas recopilaciones periodísticas descubrimos a una escritora polifacética, que se interesa por todos los temas y todo lo critica.

5.3 El pensamiento político de Regàs

El pensamiento político de Regàs está estrechamente vinculado con la ideología de izquierda, destacándose su admiración por quienes lucharon a favor de la República para defender la libertad personal y de expresión. Este pensamiento político se hace patente cuando reflexiona sobre la extinción de la izquierda radical en "¿Pesadilla o premonición?" (37–39) o, cuando comenta en "Coraje republicano" que desde pequeña, influida por su padre, ella misma se "sentía republicana sin apenas saber qué quería decir ser republicana" (117). Conforme fue creciendo se aferró a sus convicciones "hasta tal punto que hoy me cuesta comprender su inamovible arraigo" (118). En este artículo Regàs anima a tener valentía a la hora de expresar una ideología política (120).

Valora el concepto de coraje que asocia con la República para inspirar al lector a formular sus opiniones sociales, políticas o culturales. Conviene recordar el estudio de Dennis, donde evalúa la labor de un efímero periódico republicano, *Diablo mundo*, que se destacó "por asumir una responsabilidad y por aplicar a la situación nacional, en sus múltiples facetas, un criterio selecto y entonado, una actitud seria y rigurosa" (33). La interpretación que Regàs hace de la República entronca con la definición de lo que, según Carrillo, significa hoy ser comunista: "se trata de no ser dogmático, de ser partidario de la libertad y de la democracia y de oponerse al sistema capitalista" (citado en Villena).

La nostalgia de Regàs por una nueva República trae a colación el tema de la memoria, también presente en esta doble colección de artículos. Memoria, por un lado, como técnica narrativa, ya que en sus artículos la narración se origina a partir de un hecho anecdótico casi siempre ocurrido a ella misma. Con el título de "Entre la chapuza y el insulto" recoge una historia que le contó su padre, donde saca a relucir la retórica parlamentaria de aquella época. Recordando una fecha determinada, Regàs alaba la sagacidad y el talento que parece haberse perdido en los debates políticos actuales donde sólo se escuchan insultos. Al final se muestra optimista y achaca la falta de ingenio a un "mal viento pasajero" (50).

La memoria es entendida también como valor histórico, ya que en estos artículos se subraya la necesidad de sobrevivir en sociedad, como afirma en "¿Para qué olvidar?": pues, para conocer y aceptar lo ocurrido, "y para convertir el sentimiento de culpa o de venganza o de acusación, en sentido de la responsabilidad como no se cansa de repetir Günter Grass" (27). Regàs concluye que no debemos olvidar, porque hace falta saber qué ocurrió, no sólo con la Iglesia sino con las derechas y con las izquierdas, esto es, con la situación social que nos afecta (29).

La importancia de la memoria en el ser humano es primordial porque en ella se sustenta su dignidad, su "decencia para sobrevivir" (29), en el sentido de que si olvidamos nuestro pasado, estamos olvidando nuestra historia, nuestro origen. Establecer la memoria como dignidad de la persona constituye el verdadero argumento de la narrativa de Regàs cuyos protagonistas suelen refugiarse en el pasado para construir su identidad en contraposición con aquellos personajes que lo olvidan voluntariamente. En el cuento "Introibo at altare Dei...", la protagonista critica sin ambages al hombre que ha olvidado voluntariamente parte de su biografía (120).

Insistimos en que el pensamiento político de Regàs está asociado con el compromiso y la capacidad de crítica de la sociedad en que vive. Ejemplo de ello es su artículo "Nosotros", donde condena la desidia ante el problema actual de la guerra, tema constante en su obra narrativa. Señala que la causa de la indiferencia es el bombardeo continuo en los medios de comunicación. El texto hace hincapié en que rechazar esas imágenes no es suficiente, debemos recordar que somos "nosotros, los que [...] fabricamos [las armas] y las vendemos" (80). La crítica esta vez no está dirigida a un organismo concreto sino a nosotros, los lectores. Al final, como viene siendo habitual, emplea un lenguaje directo con la intención de sacudir al lector (84).

Otro factor sobresaliente del pensamiento político de Regàs es la importancia que concede a la democracia que aparece definida en el libro de Alcina Franch y Calés Bourdet (28–32). El otro artículo de igual título "¿Qué democracia?" (impreso en varias publicaciones) se expone un breve pero jugoso análisis de lo que ha significado esta palabra en las pocas décadas que este sistema gubernamental lleva vigente en España. Si bien antes se entendía por democracia la defensa de los ideales de igualdad, libertad y fraternidad, en este texto se critica el viraje semántico que ha convertido a esa palabra en sinónimo de capitalismo: "la economía ha dejado de ser un instrumento al servicio de la sociedad y se ha convertido en un objetivo que hay que alcanzar a toda costa" (18). Obviamente lo desaprueba y se pregunta de qué sirve la libertad si no hay igualdad ni fraternidad. Este planteamiento coincide con el expuesto por Judith Astelarra, para quien, antes de construir un sistema democrático, "es necesario resolver las contradicciones sociales que impiden la materialización de los ideales de igualdad, libertad y solidaridad" (57). Regàs critica la globalización entendida como ideología univalente por la nueva y deformante acepción de democracia. Su postura ante el capitalismo, donde se impone el mayor postor, coincide con la de José Saramago (García, "Entrevista a José Saramago") y la de Carlos P. Otero, quienes opinan que "la democracia capitalista de nuestros días es el *non plus ultra* de la organización social (llamémosle así)" (Monleón 222).

El pensamiento político de Regàs es una crítica hacia aquello que cree injusto. Critica las desigualdades sociales y con ejemplos comprobables delata en sus artículos casos en que, por ejemplo, un juez ha dictaminado veredictos injustos, lo que desata el debate de su legitimidad. A este debate sobre la legitimación, Regàs contribuye con el artículo "Jueces" con una frase, ¿sofisma?, que se repite de forma idéntica en su primera novela: "al fuego lo para el agua, pero al agua ¿quién la para?" (55), lo cual es una textualización de la realidad social en los mundos de ficción que ella crea.

5.4 El feminismo de Regàs

El feminismo de Regàs va ligado a su preocupación por las injusticias cometidas contra la mujer. Se dice que muchas mujeres, por su trayectoria personal y profesional, son feministas sin tener conciencia de serlo. Éste es el caso de Regàs si tenemos en cuenta la opinión de Cristina Alberdi, quien piensa que "cualquier mujer que luche por los derechos de las mujeres y por su emancipación como colectivo es feminista" ("Ser feminista" 217). En "Ángeles del hogar", Regàs acusa la actuación "machista" de los jueces españoles, cuyas sentencias injustas la están perpetuando: "no es raro que un juez absuelva a un acusado de violación alegando que la mujer se dejó hacer" (20). Llama la atención sobre todo la crítica a las juezas que siguen defendiendo los postulados machistas "y desde sus altos puestos entronizan la imagen del macho por el único mérito de serlo, por mantener un orden estratificado de la sociedad más fácil de controlar y someter" (20).

La supuesta crisis actual del patriarcado dista mucho de serlo mientras existan personas que ciñan lo jurídico al orden patriarcal. Esta postura coincide con el planteamiento de Alberdi, quien concluye que "rompiendo con las instituciones tradicionales que soportan el sistema patriarcal" las mujeres impedirían la redefinición, transmisión y reproducción de esta cultura para acceder a un orden social nuevo ("Análisis de la realidad" 77). La realidad jurídica es muy distinta y ante una situación indefensa de maltrato, incluso por parte de la justicia, Regàs llega a la conclusión de que "no hay libertad sin libertad económica" ("Ángeles del hogar" 21). Este postulado se repite en artículos como "Terrorismo impune" y se atisba en la novela *Azul* a través de Andrea, "una mujer sola ha de trabajar dos veces lo que trabaja un hombre para sobrevivir, en todos los sentidos" (127).

Tanto de esta novela como de los artículos estudiados se desprende la idea de que una mujer sola es socialmente invisible, lo que refleja cierto estrato social de la mujer española actual. Si una esposa no trabaja está indefensa ante la sociedad y ante su marido, como se expone en "Ángeles del hogar", donde se recrimina la mentalidad anti-laboral de señoras conservadoras que van al matrimonio preparadas para entregar a su marido la dirección de su vida. De este tratamiento de mujer pasiva, que recuerda a varias de las protagonistas de sus cuentos ("La nevada", "Preludio" y "Los funerales de la esperanza") y novelas, se desprende que Regàs se preocupa por la situación de la mujer aduciendo que el problema del maltrato femenino sólo se resolverá con la independencia económica de las mujeres.

La aportación de Regàs al feminismo es su análisis de la situación femenina y su crítica de la actitud conservadora de hombres y mujeres "que se escudan en el amor para no tomar las riendas de su propia vida" ("Ángeles del hogar" 21). Impulsando la superación de ideologías trasnochadas, exhorta a cambiar de mentalidad, erigiéndose así en teórica del feminismo.

Las vicisitudes por las que pasó Regàs durante la posguerra son las mismas que Catherine Davies describe: "all women were obliged to have a certificate of Social Service (the domestic equivalent of military conscription for men) without which they could have neither a passport nor a driving licence, nor study at university" (Davies 15).

Hay que recordar que en aquella época había muy pocas estudiantes casadas y menos con hijos como era el caso de Regàs. De hecho, cuando quiso renovar su pasaporte, los funcionarios no le dejaron poner "estudiante y casada" porque, según ellos, eso no podía ser (Preciado 148 y *Sangre de mi sangre* 194–95). Por aquellos años de universitaria su espectro de amigos se amplió mucho, ensanchando sus horizontes. En el artículo "1954" trata de su transición vocacional de ángel a mujer insumisa que se juró, como una nueva Scarlett O'Hara, que nunca la familia constituiría su dedicación exclusiva.

El perfil de la mujer de la posguerra se corresponde con los primeros años de matrimonio de Regàs, cuya situación se tiñe de "aburrimiento y desesperanza", ya que la mujer en aquella época apenas desarrollaba otra actividad que no fuera pasear a sus hijos y encargarse de la casa. Además, las chicas se veían abocadas a casarse jóvenes y vírgenes, porque "no tenían otra forma de practicar el sexo de forma habitual y normal", pero sobre todo para que la sociedad no la incluyese "en la categoría de prostituta" ("1954" 73). Esta situación de menosprecio hacia la libertad sexual de la mujer queda expuesta cuando menciona el caso de una amiga suya que perdió la virginidad con un italiano y, después de una larga relación, éste no quiso casarse con ella porque ya no era virgen.

En consecuencia, Regàs señala que las actitudes sociales hacia la sexualidad femenina han cambiado radicalmente. Ha pasado de pensarse en el sexo como un pecado y un mal por el que hay que pasar para tener hijos a considerárselo como placer. Entre las causas que han influido en ese cambio trascendental está la píldora contraceptiva, la educación y la salida de casa. Tres factores que han dado a la mujer seguridad y nuevas ideas. En *Sangre de mi sangre* Regàs comenta que fue educada, sin otra opción, en la religión católica y tuvo que bautizar a sus hijos porque de lo contrario no figurarían en el registro, es decir, no existirían legalmente. Esta situación no se ha repetido con sus nietos. El cambio de mentalidad es tema recurrente en su obra, como se comprueba en *"Gauche divine"* (18) y *Sangre de mi sangre* (84).

Esta transición se da también en la protagonista de *Memoria de Almator* y, en cierta medida, en *Azul* y *Luna lunera* textualizándose y multiplicándose así una vivencia. Regàs refleja una situación injusta que ella misma ha experimentado, pero que ahora ha dejado de ser y puede controlarse de acuerdo a la postura de cada mujer. En *Sangre de mi sangre* el apartado "La gran elección, la gran libertad" es de interés sociológico porque Regàs explica cómo era su ciudad natal durante los años cincuenta, cuando "Barcelona era aún una ciudad empobrecida y desvencijada" (41). Esta imagen, aplicable a cualquier urbe o pueblo español de aquella época, interesa por el retrato de enclaustramiento que nos ofrece de su familia, el cual es extensible a la mayoría de las familias burguesas que vivían encorsetadas por normas y restricciones. Comenta que "era hija de padres republicanos", cuyo exilio la echó en manos del régimen franquista. De esta etapa no recuerda una sola conversación sobre política, porque "la ideología había dejado de existir [...]. Vivíamos de las creencias impuestas" (42).

El franquismo fue una dictadura moral y costumbrista que dejó su huella imborrable en la vida de Regàs. Aunque ella cambió de actitud y se convirtió en una mujer independiente, los vestigios del régimen subyacen en su escritura como algo de lo que no puede sacudirse. Esa época de imposición de ideas sorprende al lector actual que "hasta hace muy poco, la decisión de tener o no tener hijos apenas se planteaba", porque la decisión la tomaba siempre el marido. Este hecho ya no se corresponde con la realidad: "hoy las cosas han cambiado y por lo menos las mujeres y los hombres que así lo desean pueden decidir tener hijos o no tenerlos" (*Sangre de mi sangre* 45 y 47). Los tiempos son otros y las necesidades de la mujer distintas. Trayendo a colación a Virginia Woolf, Regàs subraya que ya no basta tener una habitación propia. La mujer debe poder realizarse en la vocación que le satisfaga: "necesita también, como han

. tenido los hombres desde que el mundo es mundo, un lugar libre en la mente donde crear, inventar, proyectar y fabular sin consejos, sin normas, sin interferencias" (*Sangre de mi sangre* 48).

La idea de tener "un lugar libre en la mente" se encuentra también en *El cuarto de atrás*, de Martín Gaite, y en *Historias de mujeres* de Rosa Montero. Como ellas, Regàs pone énfasis en que actualmente la mujer puede hacer de su vida sexual lo que quiera: "siempre que tenga el coraje de decidir por sí misma". La libertad sexual de las mujeres de hoy Regàs la contrapone a los tiempos de la dictadura, cuando "una mujer que abandonaba el hogar era una pecadora, y si además era adúltera podía muy bien caerle una condena que la ley establecía en años de cárcel. Todo dependía de la voluntad del marido ultrajado". Uno de los resultados del cambio es que "la mujer ha dejado de estar sometida al marido. En la teoría por lo menos. Pero hace muy pocos años ni siquiera en la teoría" (*Sangre de mi sangre* 53–55). Su artículo "Mujeres libertarias", que no aparece compilado en ningún volumen, recalca también esta evolución. Elogia la película *Libertarias*, recordando una vez más que durante la guerra civil hubo "un grupo de mujeres convencidas de que la lucha por la libertad es total e inaplazable" (34).

Su feminismo se hace explícito en *Más Canciones...(1995–1998)* con tres artículos claves: "Terrorismo impune contra las mujeres", "Guetos literarios" y "Literatura y mujeres". En este estudio no discutimos las diferentes ramas de la teoría feminista que se podrían aplicar a la obra de Regàs, pero sí señalamos que algunos de sus textos contribuyen al debate feminista, entendiendo por feminismo el proyecto de búsqueda continua del conocimiento y el autoconocimiento de la mujer y su función en la sociedad de hoy.

"Terrorismo impune" llama la atención porque la autora se desliga del feminismo activo reconociendo que algunas mujeres merecen ser tratadas con humor: "se nos hace difícil salir en defensa de la mujer sin provocar ironías" (31). De este pensamiento se deduce que Regàs entiende que no todas las mujeres son iguales, aunque todas tengan los mismos derechos. Menciona el caso de Ana Orantes, a quien su marido asesinó rociándola con gasolina unos días después que ella había manifestado públicamente, en televisión, que él la quería matar. El artículo destaca esta noticia por tratarse de un caso extremo en el que nadie se atrevió a utilizar "el arma machista por excelencia: la burla, la mofa, el sarcasmo, el desprecio" (31). La ausencia del arma machista en este caso le sirve a Regàs para contrastarla con su constante presencia a la hora de defender la igualdad laboral entre hombres y mujeres. Comentando *Los verdugos voluntarios de Hitler, los alemanes corrientes y el holocausto*, de Daniel Jonah Goldhagen, Regàs compara el sentimiento antisemita con el antifeminismo español para evidenciar que el sentimiento de repulsión hacia otro ser humano puede darse por motivos de raza, o por razones políticas o sexistas. Después comenta otras noticias sobre la situación antifeminista coincidiendo con Cristina Almeida, para quien "la situación de la mujer en el trabajo no viene aislada de la situación general de la mujer en la sociedad" (80). En líneas generales el artículo plantea el machismo imperante en la sociedad española concluyendo que la única solución reside en la obtención de un trabajo para que la mujer no tenga que depender de nadie ("Terrorismo impune" 35).

"Guetos literarios" trata del error de querer encajar la creación literaria en un ámbito ideológico. El texto argumenta que "la literatura, sea o no sea de compromiso, es otra cosa" (43). Para demostrarlo refuta las dos interpretaciones que hacen de la "literatura femenina". Según una interpretación, la literatura escrita por mujeres ha de centrarse en problemas y situaciones específicamente femeninos. Según la otra, las mujeres tendrían una mirada distinta de la de los hombres para enfocar cualquier situación. Para Regàs ambas interpretaciones son erróneas. La primera, porque considera que ha habido literatura escrita tanto por hombres como por mujeres en todos los países y en todos los tiempos, es decir, siempre ha habido hombres que han escrito con detalle y sensibilidad, "igual que ha habido y hay mujeres capaces de describir el mundo interior y exterior de los hombres de su tiempo" (43). En cuanto a la segunda interpretación, según el artículo "es tan vaga como insolvente" (44). Regàs niega que existan en la escritura cualidades específicamente femeninas o masculinas porque, al igual que pueden existir mujeres toscas, pueden existir hombres con sensibilidad capaces de analizar y comprender problemas íntimos del ser humano.

En una entrevista realizada por *Canal 2 Andalucía* en 1999, Regàs declaró que lo de la literatura femenina le parece absurdo porque es erróneo atribuir sólo a las mujeres el intimismo, la delicadeza y la sensibilidad. Afirma que hay características comunes en los hombres y en las mujeres, pero "la mayoría de lo que es común a los hombres, y de lo que es común a las mujeres pertenece al ámbito de lo cultural" ("Guetos literarios" 44). Así nos encontramos con el tema de la especificidad del lenguaje femenino, que "es uno de los más polémicos y que mayores dificultades plantea por lo poco claro de la cuestión teórica" (Romero 354). La problemática de los guetos literarios y, en particular, el de la literatura femenina, se soluciona, según Regàs, aceptando que la creación literaria es independiente tanto de los problemas que presenta como del sexo de quien la escribe. Esta postura se acerca al planteamiento de Virginia Woolf que, "no creía que con sólo recordar su sexo femenino, su experiencia o naturaleza, o cualquier otra cosa, destilaría sobre la página un arte instantáneo" (Borenschen 49). Regàs piensa que "lo que diferencia a los hombres y mujeres es la riqueza y la capacidad que, a partir de ella, se tiene para acceder al hecho cultural" (Meaurio, "la diferencia").

"Literatura y mujeres" es una continuación del artículo anterior. Parte de la idea de que "la irrupción de la mujer en todas las ramas de la vida pública es un fenómeno relativamente reciente" (45). Se constata el hecho de que la gran ventaja de la mujer en la actualidad es que ahora puede publicar sin necesidad de pertenecer a una familia ilustre, o ser una extravagante viajera. El problema que persiste es que a la mujer contemporánea apenas le queda tiempo para escribir, debido al papel que se espera de ella en el hogar y en la sociedad. No obstante, Regàs insta a todas a luchar no sólo por su independencia económica sino también por "un lugar libre en la mente donde poder refugiarse y entrar en su soledad" (46). Éste fue el tema de Carmen Martín Gaite. Para Regàs el escritor o escritora debe escribir sobre la condición humana. Su objetivo debe ser denunciar la postración tanto del hombre como de la mujer o de los niños: "en la medida en que sean capaces de expresarlo con su propia voz, imaginación y fantasía, se convertirán las mujeres en escritoras universales" (47). De esta postura se desprende que el feminismo de Regàs empieza con la lucha por la independencia de la mujer, pero el objetivo último es la libertad que va mucho más allá de una habitación propia.

Concluimos que para Regàs existe una estética feminista, pero no una estética femenina colectiva que agrupe a todas las escritoras, porque: "para escribir una buena novela, una mujer no tiene necesariamente que escribir sobre mujeres. A no ser que su mundo se limite a ellas. Pero entonces no es otra cosa que reivindicaciones políticas" (Regàs, "Literatura y mujeres" 47).

Esta visión es compartida por varios ensayistas como Terry Novell o Enrique Gil Calvo, quienes piensan que se ha estereotipado la mirada femenina "pero no todas las mujeres son iguales, no pueden tener la misma visión del mundo" (D.F., "Gil Calvo"). Regàs coincide con Julia Kristeva en que "no es el sexo biológico de una persona lo que determina su potencial revolucionario, sino la posición de sujeto que asuma" (citada en Moi 26).

Ambas compilaciones de artículos critican las injusticias, los malos tratos, las declaraciones imperdonables, pero sobre todo la confusión y el contrasentido que existe en la sociedad actual. Detrás de la mirada crítica de Regàs se intuye un gran sentimiento de independencia. Escribió "Elogio del temporero" defendiendo la autonomía de este tipo de periodista. Su aversión a la dependencia se manifiesta también en "Coraje republicano", al defender el espíritu independentista de la República. Regàs se muestra en contra de cualquier encasillamiento y prefiere mantener una actitud crítica frente a todo lo que le rodea.

Esta doble colección de artículos escritos a finales de los noventa permite acceso a las claves con las que Regàs interpreta el final del milenio. Sus escritos, al igual que una canción, están cargados de sensibilidad y complicidad, pero lo más importante es que nos ayudan a reflexionar sobre la realidad. La escritora critica la falta de ideales en la sociedad contemporánea, el poder de las multinacionales, la ausencia de capacidad de protesta y rebeldía entre los ciudadanos. Una serie de valores que, en el contexto literario español, se inscriben en la corriente neorromántica y una fuerte tradición literaria que se remonta a principios del siglo XX.[1] La temática social de estos artículos se halla vinculada a la poesía social, de denuncia y de solidaridad de la generación de los cincuenta.

5.5 Tres ensayos y una teoría: "el ritual de la impostura"[2]

Regàs ha escrito tres ensayos que tienen como característica común la misma teoría: la estética de la recepción. En ellos se defiende la mirada personal del lector, independientemente de la intención del autor y de la época a la que pertenezca la obra, porque lo importante es la recepción que ésta provoca en quien la lee. Para Regàs el único deber del narrador, poeta o intelectual es crear la duda. A partir de la duda reconvertimos el texto, lo hacemos propio, y lo volvemos a crear una y otra vez. De esa duda que nos han planteado nace un debate con nosotros mismos y con los demás, hasta alcanzar un pequeño pero importante conocimiento. Regàs postula en sus ensayos el carácter subjetivo de la verdad, la imposibilidad de llegar a un entendimiento cierto, lo cual se evidencia en su narrativa. Refiriéndose a los cuentos de *Pobre corazón*, dice que son "como movimientos del alma" (León-Sotelo, "Rosa Regàs").

El ensayo "¿Para quién escribo?" comienza con una advertencia doble. Por un lado, apostilla que no pretende hacer teoría sobre el escritor y su mundo. Por otro, señala que lo que a continuación se dice pertenece al ámbito de su experiencia personal. Regàs reitera que cuando alude a los escritores se refiere a ella misma y cuando habla de alguna obra, en realidad habla de las suyas propias. Así, la información ofrecida en este ensayo es una autorreflexión que encaja en la estética de la recepción porque analiza la lectura de sus escritos deteniéndose en la influencia de los lectores en el proceso de creación artística. Coincide con Gadamer (269), para quien una obra literaria nunca llega a poseer un significado acabado, sino que se incluye, como un signo más, en un horizonte cultural del que proceden los valores con que es interpretada en cada momento histórico. Regàs afirma que muchos escritores saben para quién escriben pero ella confiesa que no lo sabe. Expresa que el oficio del escritor consiste en desvelar, en poner de manifiesto lo que ya existe ("¿Para quién escribo?" 126).

En el acto de creación no cuenta lo que es ajeno al escritor, "igual que la florista hace un ramo sin saber quién lo va a comprar" (127). Es decir, tanto el escritor como la florista se guían por su propio criterio. Ésta es la respuesta que da en el ensayo que venimos analizando "si busca una mano que le ayude la encontrará al final de su brazo" (127), sentencia que ya aparecía en su primera novela, cuando el padre de la protagonista solía repetírsela sin que ella supiera muy bien lo que quería decir cuando era niña, pero que lo comprende de mayor: valerse por sí mismo. Se trata de una individualidad inalienable, de la independencia personal que ya hemos destacado en sus artículos, cuando Regàs demuestra que por ahí empieza la solución de los problemas de la mujer, es decir, no depender de nadie. La independencia es pues un valor constante en su pensamiento, la cual se proyecta como cualidad deseable en el escritor quien debe escribir sin depender de nadie, excepto de "su propio estilo" (I.C., "Me cuesta escribir").

La independencia en el oficio de escribir no significa que el escritor prescinda por completo del parecer de los demás, puesto que pareceres y lecturas ajenas forman parte de su universo. A pesar de cualquier utilísimo consejo de algún amigo o crítico, en última instancia "al escribir no se piensa en los demás, se piensa sólo en lo que se está escribiendo" (129). Sólo cuando entrega el manuscrito al editor el escritor sale de ese mundo cerrado y su texto empiezan a abrirse "en la absoluta vaguedad de un concepto que de nuevo pertenece al mundo de las ideas" (130). El editor es quien más se interesa en el triunfo del libro. Regàs ha sido editora y en este ensayo recoge su experiencia como tal. Aquí se concede gran importancia al lector porque es él quien convierte la obra de creación en un ente vivo, añadiéndole significado y sentido cada vez que la lee. Esta idea concuerda con lo que la estética de la recepción denomina "efecto estético" y que Gadamer llama "horizonte de expectativas" (269). En palabras de Regàs, es el "embrujo" de cualquier obra que es siempre portadora de una futura revalorización, como "un ente cambiante" ("¿Para quién escribo?" 132).

Concluye con la idea inicial de que no sabe para quién escribe, porque la creación artística es una búsqueda sin fin que para ella se parece mucho a la "felicidad" (133). Regàs prefiere no defender nada y mantiene que la única posibilidad de cambio es la denuncia de toda injusticia, sea ésta de cualquier signo ideológico. En la escritura y el arte adopta una actitud crítica reafirmando su deber de estar enterada de las cosas y problemas sociales que le rodean. Su compromiso como escritora se resume en una especie de compromiso con la felicidad.

Regàs no escribe para el editor ni para el lector sino para bucear dentro de sí misma, buscando un conocimiento lírico del mundo que sea tan fiable como el conocimiento científico. Su compromiso es un acto de responsabilidad, un ejercicio continuo de renovación. No utiliza la escritura como un arma para arreglar el mundo sino como un derecho a la crítica y, sobre todo, como una obligación ética consigo misma.

El ensayo *El cuadro del mes. Una revolución personal* continúa en la línea de la estética de la recepción, poniendo de manifiesto que la grandeza de la obra de arte reside "en su capacidad de ser recreada por cualquiera que se acerque a ella" (5), independientemente de la intención del autor y de su contexto histórico. Partiendo de este postulado, el ensayo trata de su experiencia personal ante el cuadro de Caravaggio, *Santa Catalina de Alejandría*. Regàs concede gran importancia a "esa mirada del público, indispensable para el cuadro, igual que es indispensable para un texto el lector y para un cómico los espectadores" (6). Según ella, una obra de arte se va completando a través de miradas distintas, en nuevos ámbitos y en otros siglos (7).

En este ensayo Regàs caracteriza a Caravaggio como revolucionario, cuya obra "casi siempre contraria a los presupuestos tridentinos" (10), se presta a muchas y nuevas interpretaciones. Para el cuadro *Santa Catalina de Alejandría*, Caravaggio eligió como modelo a Fili de Melandroni, "una célebre prostituta de Roma" (14), lo que obviamente contrasta con la biografía hagiográfica de la santa (21), pero que pone de relieve su facultad de pintar rechazando lo establecido. Es decir, el arte de Caravaggio implica una búsqueda del más allá impulsada por su actitud crítica y "sobre todo en esa mirada difícil de definir porque está queriendo decir algo más profundo y cierto que lo que nos diría la biografía de la santa" (22).

Este cuadro remite a las personas que han recibido un trato injusto. Al igual que Proust en su literatura, Caravaggio se sale de los estereotipos culturales creados por la fantasía masculina y representa a la mujer al margen de una noción esencialista. La historia silenciada del posible modelo del cuadro evidencia hasta qué punto el artista quiso escaparse, en sordina, de un estándar moral normativo. Potenciar diferentes interpretaciones, conseguir la visibilidad y adquirir rango de sujeto han sido y continúan siendo los objetivos de cualquier artista. En su artículo "Reading Art?", Mieke Bal comenta otro cuadro de Caravaggio, *La cabeza de Medusa*, y concluye que escribir y pintar son un acto de lectura, y la lectura es una manera de reescribir o repintar (40). La opinión de Bal coincide con la expuesta por Regàs en el prólogo de un libro de fotos, *Malecón de La Habana*, donde manifiesta que la misión del artista, si alguna tiene, consiste en encontrar con imágenes o con palabras el punto de inflexión necesario para comprender "una realidad que no es la nuestra" (5). La misión del artista de hacernos ver ("to make you see") coincide con la de Conrad, uno de los escritores más admirados y estudiados (Waugh 89).

Según el ensayo *Una revolución personal*, lo importante de la obra de Caravaggio es el efecto que causa en el observador, es decir, en el receptor, en este caso Regàs. El cuadro de Caravaggio le ha hecho ver (reflexionar sobre) los diferentes órdenes de la vida. La pintura ha actuado a modo de acicate en ella, lo que ha hecho posible el "viaje al interior de uno mismo que no hay que eludir" (175), en palabras de la protagonista de "La inspiración y el estilo", profesora y crítica que reflexiona sobre la naturaleza del fenómeno literario y, por experiencia propia, se da cuenta de que vida y literatura son una misma cosa, aunque una de las funciones de la literatura sea también hacernos olvidar que el mundo existe. El arte establece un mundo distinto, con sus propias reglas y su propia moral. Se supone que a partir de la conquista de una sensibilidad superior se cambia el mundo (Obiol, "Manuel Vicent").

En *La creación, la fantasía y la vida* Regàs vuelve a incidir en la dimensión indefinida de la obra de arte, "que siempre deja un resquicio para que sobre ella inventemos y fantaseemos y elaboremos", es decir, que "de alguna manera la obra de creación es tanto de quien la crea como de quien la lee" (11). Gracias al poder evocador del arte, el lector o el observador puede crear a su vez una fantasía que, sin pertenecer a la obra artística, se ha originado en ella. En otras palabras, "ha sido posible gracias a él, pero al margen de él" (12). Se trata de un razonamiento que también coincide con la estética de la recepción y, en concreto, con el planteamiento de Wolfgang Iser, quien considera la lectura como "a continual interplay between modified expectations and transformed memories" (111), esto es, no acto definido y concreto sino fenómeno lleno de incertidumbres, porque en realidad el texto no existe solo y "no se puede aislar el libro del lector" (Gómez Redondo 257).

La idea principal que se extrae y que queda bien resumida en el título de este ensayo es que el embrujo de la escritura reside en la mirada del lector, puesto que con sus vivencias anteriores, su experiencia y su fantasía transforma el libro añadiéndole significado y sentido y que la creación es "un ente cambiante y común que con el tiempo acaba perteneciendo más a quienes menos pertenecieron en su gestación" (14).

En un contexto teórico, estos tres ensayos abogan por la estética de la recepción. De acuerdo con esta corriente crítica, uno de los valores más importantes del arte es la intemporalidad (Gómez Redondo 233–60). Esto lo podemos ver, por ejemplo, en el tercer ensayo, donde, refiriéndose al valor intemporal del *Quijote*, Regàs comenta que su padre, "que había sido educado desde la infancia en los ejercicios de la memoria, hacía alardes continuos de ella para nuestra satisfacción y jolgorio" (18). Por otro lado, esta referencia al *Quijote*, derivada a su vez de la memoria de su padre, significa que no debemos olvidar la historia, puesto que sin ella es difícil comprender en la actualidad una obra escrita hace tiempo. Esta conclusión coincide con la de Graham y Labanyi: "without history, cultural sense cannot be made" (418).

Otro de los postulados de la estética de la recepción incorporados a los tres ensayos es analizar el recibimiento de la misma obra en distintas épocas para descubrir el lugar que ocupa y cómo cambia su valoración cuando aparecen otras. Así, en el tercer ensayo, refiriéndose al *Quijote,* dice que le gustaría captar a través de un sofisticado aparato "las imágenes y las palabras de los lectores de entonces" (17).

En definitiva, estas miradas o interpretaciones diferentes nunca presentan un sentido acabado porque éste depende de cada lector. Como afirma Leonore Hoffmann: "feminist criticism, reader-response theory, and the 'new historicism' all view literary creation as a complex interaction between writer or speaker and audience, each embedded in the specifics of culture" (Hoffman y Culley 1).

El yo periodístico y ensayístico de Regàs insta a acceder al conocimiento personal a través de la literatura o el arte. También insta a desarrollar la capacidad individual de crítica, sin dejar de escuchar a la sociedad en la que vivimos. Esta idea concuerda con el género autobiográfico tan practicado por Regàs. Según Gusdorf, la autobiografía es una consecuencia literaria del aumento del individualismo como ideología (citado en Smith y Watson 73). Esto mismo estudiamos a continuación.

5.6 La mirada autobiográfica: *Desde el mar* (1997) y *Sangre de mi sangre* (1998)

Voy a hablar de mí mismo, aunque en rigor esto constituye una reiteración, pues, hablar, rigurosamente, no se puede hablar sino de sí mismo. Pues, situemos la cuestión en sus términos rigurosos: ¿Qué es hablar y quién habla? Solamente hay un ente que habla: yo, es decir el hombre, pero el hombre en sentido riguroso soy yo, yo mismo.

(María Zambrano 279)

De acuerdo con el compromiso literario de Regàs de escribir sobre la realidad, ésta se humaniza en su narrativa, la cual gira en torno a vidas propias y ajenas, hasta el punto de que toda su obra puede definirse como literatura del yo o auto-biografía, un género que había tenido una presencia tímida en el mercado editorial español, aunque la "literatura confesional" predominó en los años sesenta (Davies 175). Desde 1997 han aparecido casi cien títulos de biografías, memorias o cartas: "pese a esta euforia, se trata sólo de los primeros pálpitos de un interés que llega con retraso a España. En el Reino Unido, Estados Unidos o Francia existe una gran tradición por las biografías" (Manrique, "La renovación").

Coincidimos con Jordi Gracia en que un capítulo indispensable de la literatura española actual está escrito por "autores dietarios o de autobiografías" (Moret, "El canon"). La obra periodística de Regàs es como un dietario y puede interpretarse hasta como un diario por su actualidad, ya que está escrita por un yo confesional que expresa su inconformismo y aplaude la vigilancia crítica respecto a todo. De igual forma se han manifestado Juan Benet, Martínez Sarrión y toda la generación del cincuenta.

Esta peculiar manera de escribir que privilegia el punto de vista íntimo y personal a través de un yo testigo o confesional hace difícil la distinción entre prosa periodística y narrativa.[3] Los cuentos de *Pobre corazón* están basados en vidas reales (biografías) al igual que sus novelas, cuyo modelo narrativo autobiográfico se corresponde con el *Bildungsroman*.

Hablando en primera persona Regàs se enfrenta con su vida, no para recrearla fielmente ni para contar los episodios que más le marcaron por el camino sino para indagar en su pasado con voluntad investigadora. Regàs busca la verdad que no posee, clarificando o confesando, antes que a nadie a sí misma, episodios relativamente oscuros de su vida como si de una ficción se tratase y considerando el recuerdo como otra fuente de conocimiento, nunca como la verdad absoluta, es decir, relativizándolo. Su obra toma forma de autobiografía ficticia, pues está escrita por un yo enmascarado, como se aprecia en sus cuentos y novelas. Por otro lado está su escritura confesional, representada por su prosa periodística y, en particular, por dos libros que examinamos a continuación.

Desde el mar es otro ejemplo de la narrativa escrita por Regàs a la luz del recuerdo. Un libro poblado de imágenes pasajeras para el lector, pero indelebles para la autora, cuya principal función es convertir la experiencia autobiográfica en conciencia. Como demuestra Pilling, en la literatura autobiográfica "the reader has a collaborative role" (116). Si bien los paisajes son diferentes, el talante es el mismo en todos ellos. Se trata de una mirada sensible y crítica que ya aparecía en los artículos periodísticos que hemos analizado al principio de este capítulo. *Desde el mar* es una compilación de textos cuyo denominador común es el paisaje. En este diminuto libro de bolsillo se insertan una docena de escenarios diferentes con la particularidad de que están descritos en primera persona y se basan en una experiencia personal.

La colección se abre con un texto dedicado al "Mediterráneo, el mar mestizo", donde Regàs expresa su admiración por él. Su preferencia hace que el Mediterráneo se convierta en elemento paisajístico omnipresente en su narrativa. En este texto descubrimos que el mar no aparece como elemento decorativo sino que funciona como símbolo. Aparte de "que define a los pueblos que le rodean" (10) y de estar impregnado de una rica mitología, para Regàs el mar simboliza su hogar, cuando al final del texto declara que: "yo nací en el Mediterráneo, el mar cuya esencia y cuya virtud reside en el mestizaje milenario de sus pueblos" (13). A continuación viene el texto "El Ampurdán", elogio de esta región dilecta a su corazón. Menciona el viento de tramontana y las playas, dos elementos que aparecen en su primera novela y que en este texto refuerzan su identificación con el paisaje catalán. Por otro lado, si comparamos los habitantes de Almator con los del Ampurdán veremos que ambos tienen las mismas características (16).

"Catalunya entre el 'seny i la rauxa'" y "Catalanes en Madrid" son dos artículos clasificables bajo la rúbrica de literatura periodística y sociológica en los que se discute la identidad catalana y la concomitante caricatura nacionalista. El tema de la identidad catalana y madrileña es tan importante para Regàs que ha editado dos libros de cuentos: *Barcelona, un día* y *De Madrid... al cielo.* En ellos se plasman distintas visiones de diferentes autores sobre una misma ciudad, lo que de nuevo evidencia su interés por enfoques múltiples para ver el mundo. En general, su interés por otros paisajes pone de manifiesto el carácter ecléctico de su obra, la cual no se limita a un regionalismo catalán o español, sino más bien registra un imaginario multiétnico.

En el último texto del libro Regàs inserta el paisaje de su hogar en "El sofá naranja: el paisaje definitivo", concluyendo que los paisajes anteriormente descritos desembocan en su propio territorio, su casa. El conjunto de estos paisajes muestra la raíz autobiográfica de la escritura de Regàs. Este último texto narra la historia de un sofá naranja que, a modo de metáfora, capta la memoria y el amor de la autora por ese mueble que representa el ambiente inalterable de su casa familiar. Regàs recuerda distintas anécdotas alrededor de ese sofá inmenso e inigualable, al que compara con "el nido, la patria, el vientre materno que ninguno de nosotros podrá olvidar" (90). De nuevo utiliza una voz poética para revitalizar algunos de los tópicos literarios más trillados como el amor, la noche y el destino. En estas páginas repite la simbolización del paisaje como metáfora de la pérdida, de la despedida continua que late en toda su narrativa (92).

Sangre de mi sangre comienza casualmente con este mismo relato, "El sofá naranja", una historia personal repetida en dos obras para subrayar la importancia que ese mueble ha tenido en su vida. Aparece también en una recopilación de sus cuentos (*Sombras, nada más*), quizás en parte porque la soñada integración de arte y vida ya se está produciendo en ella. Nos interesa destacar la metáfora del sofá como ejemplo del simbolismo que caracteriza el discurso de Regàs. Tomando como centro el reducido territorio de un sofá empieza a recordar los inicios de su familia. El tema de la memoria es el eje de este relato y la base sobre la que Regàs apoya su escritura. De nuevo, haciendo uso de la memoria nos ofrece "un pedazo de su sangre" revelándonos su paraíso personal (M.J.O., "La palabra y los hijos").

En *Sangre de mi sangre* resalta la actitud progresista de Regàs hacia el tema tradicional de la maternidad. A través de experiencias personales, reflexiona sobre las relaciones entre padres e hijos. Sin embargo, no se trata de una teoría de la maternidad o de la paternidad, sino un testimonio del profundo cambio en materia de libertad sexual que se ha producido en la sociedad y, como consecuencia, la facultad de construir el tipo de familia más conveniente para cada quien. Este libro, al igual que sus otros artículos y ensayos, es una defensa de la libertad y de la tolerancia como normas de vida, sin atentar contra el orden (Huertas, "Rosa Regàs").

La lectura de *Sangre de mi sangre* se convierte en un hallazgo para aquellas personas que quieran conocer cómo es la familia española actual y cómo difiere ésta de la familia cristiana tradicional en la que creció Regàs. Nos encontramos, pues, ante un ensayo sobre la familia cuya originalidad reside en haber sido escrito a caballo entre la autobiografía y el relato intimista. Éste es uno de los grandes valores del libro. Si Regàs escribe principalmente para que no nos olvidemos del pasado, *Sangre de mi sangre* es ejemplo de escritura testimonial, donde otra vez recurre a su propia memoria para hacernos reflexionar sobre un aspecto tan importante como la maternidad.

El resquicio para vislumbrar el universo más genuino de Regàs se amplía con la publicación de *Sangre de mi sangre*. Aquí su autora encarna a la mujer inconformista que protagoniza su literatura. En su narrativa vimos a una protagonista que indaga en su pasado para averiguar el misterio de su origen y su identidad. Aquí la familia es el eje de la narración, la cual cobra calidad de microcosmos que le permite expresar la complejidad de la sociedad actual. El objetivo está claro: desmitificar la visión franquista de la familia cristiana tradicional. Montserrat Roig ya expuso la unidad familiar como un mito (Davies 176), y ahora Regàs de-construye la tradicional familia burguesa catalana, novelizando en sus familias ficticias a la suya propia. Cuando era pequeña, Regàs nunca supo lo que era vivir en familia porque pasó su infancia en distintos internados, pero con este libro demuestra, sobre todo a sí misma, que ha sido capaz de re-construirla, lo cual, según el epígrafe, es un "milagro". Con ello, la teoría expuesta por Mary Mason en su libro *Journey: Autobiographical Writings by Women* y analizado por Susan Stanford parece cierta, si consideramos su argumentación, cuando dice que el yo de las mujeres existe dentro de un contexto de profunda conciencia de los otros (Stanford 78).

Si tuviéramos que resumir el mensaje de Regàs en una palabra sería "autonomía". Insta al lector para que sea independiente económica, mental y sentimentalmente. Le inspira a mantener un diálogo constante consigo mismo sobre lo que ocurre a su alrededor y a que elabore su propio criterio crítico. Ésta es la enseñanza de la narrativa regasiana. Como ella misma expresa en el prólogo del libro de Camnitzer: "el debate, aunque sea con uno mismo, es indispensable para que aflore la búsqueda y el criterio que den sentido a esa asunción y aporten posibles vías de creación y desarrollo" (5).

5.7 Conclusión

Hemos analizado aquí numerosos artículos y ensayos como parte importante de la obra de Regàs con el propósito de dilucidar un mayor ámbito de voces autoriales. Así, basándonos en su escritura periodística, examinamos su compromiso de permanecer inmersa en la vida cultural de España. En sus artículos se evidencia una conciencia crítica e inconformista ante cualquier situación injusta. Se le oye un grito de rebeldía que la asemeja a otros muchos escritores, pero cuya originalidad radica, como la de su narrativa, en instar al lector a perseguir su propio sueño y albergar un espacio mental libre. En sus ensayos postula el carácter subjetivo de la verdad, otorgando gran importancia al lector. Se trata de un pensamiento que aboga por la imposibilidad de llegar a una interpretación única de los hechos literarios o reales. Por su compromiso feminista, se deduce que la escritura de Regàs se nutre de literatura tradicional para innovarla y actualizarla.

Por último, analizamos la dimensión autobiográfica de dos de sus libros cuya cualidad principal es crear una sensibilidad a partir del individualismo como ideología. Inferimos que la gran contribución de Regàs a la literatura española es haber convertido sus vivencias en conciencia social. Su escritura se sustenta en los diferentes *yoes*, que van desde los recuerdos de la infancia a anécdotas callejeras protagonizadas por personajes femeninos, ofreciendo un fiel reflejo de la sociedad contemporánea. La situación de la mujer en el mundo de hoy, unos niños marcados por una particular historia o unos seres varados en ciertos lugares magnéticos, son indicios del compromiso de Regàs que puede identificarse con el activismo político o con los varios feminismos de la actualidad.

El conjunto de las facetas de la escritura de Regàs configura una mirada lírica insólita en la literatura española contemporánea. Así concluimos que constituye un ejemplo de disidencia inteligente de una "joven" autora que no rompe radicalmente con la literatura anterior, pero que tampoco carece de criterio propio para denunciar de forma convincente cualquier injusticia.

NOTAS

[1] En los años cuarenta "se inicia una nueva poesía que pronto se calificará de 'social' o de 'denuncia' y que será la dominante hasta bien entrado el decenio de los sesenta". (Blanco Aguinaga 189).

[2] Título sacado del libro de Hugo Verani, *Onetti: el ritual de la impostura*.

[3] Uno de los primeros ejemplos de este tipo de literatura intimista o memorialista es la obra de Remedios Casamar Pérez.

Conclusiones generales

E ste trabajo es el primer estudio monográfico de la obra de Rosa Regàs. Su propósito ha sido ofrecer una visión global de su escritura, la cual se caracteriza por la polifonía, entendiéndose como tal tanto la amplia gama de voces narrativas como la multiplicidad de perspectivas. El pluralismo que con ello se consigue corre paralelo a la importancia que concede a la imaginación y la memoria, al concepto del viaje literal y simbólico, a la estética híbrida, al uso de la ambigüedad, al sentido de compromiso, a su individualizado concepto del feminismo, a sus técnicas impresionistas. Todos estos elementos generan páginas auténticamente líricas.

Hemos hecho hincapié en el pluralismo de la voz narrativa y de su estilo poético propiciado por la musicalidad del lenguaje que elige. Hemos señalado también que ciertos aspectos de su escritura pueden ser leídos como forma atenuada de elitismo cultural, desligado de la realidad sociopolítica. Hemos destacado su enorme capacidad de sugerencia, la cual sirve muy bien al tema de la memoria. Yuxtapuestas en la fantasía, memoria e imaginación se dan la mano para invitar al lector a participar creativamente en el proceso literario. Hemos analizado también la importancia de la memoria para diluir las fronteras entre historia, vida y creación, autobiografía y ficción, generando en la conciencia del lector un juicio original e imaginativo.

Hemos subrayado la plurivalencia del discurso de Regàs no sólo en su obra de ficción y literatura de viaje sino también en sus ensayos y artículos periodísticos para demostrar, por un lado, su versatilidad y, por otro, su compromiso con la problemática actual. Hemos valorado su contribución a los estudios feministas. Hemos dilucidado la dualidad semántica que la palabra "compromiso" adquiere en su creación señalando el compromiso literario y el político-social. Por el primero, escribe con imaginación partiendo de sus vivencias y memoria personal, privilegiando la ambigüedad, la polifonía, la pluralidad de perspectivas y la variedad de géneros que cultiva. Por el segundo, invita a sus lectores a reflexionar sobre la sociedad y el mundo de hoy para ejercer la responsabilidad que todos compartimos dada nuestra común y esencial humanidad.

OBRAS CITADAS

Abbot, Shirley. *Amor, Amoris*. Barcelona: Grijalbo Mondadori, 2001.

Adams, Percy G. *Travel Literature and the Evolution of the Novel*. Kentucky: U of Kentucky, 1983.

A.G. "Regàs: la cultura impuesta se convierte en enemiga del arte". *Última Hora* 29 ago. 1998: 74.

Alberdi, Cristina. "Análisis de la realidad jurídica en torno a la mujer". *La mujer en el mundo actual*. Comp. Pilar López Gay. Guadalajara: UIMP, 1982. 67–77.

——. "Ser feminista: pioneras del cambio". *Ser mujer*. Ed. Laura Freixas. Madrid: Temas de Hoy, 2000. 201–24.

Alcina Franch, José y Marisa Calés Bourdet, eds. *Hacia una ideología para el siglo XXI*. Madrid: Akal, 2000.

Almeida, Cristina. "La mujer y el mundo del trabajo". *La mujer en el mundo actual*. Comp. Pilar López Gay. Guadalajara: UIMP, 1982. 79–96.

Alvar, Carlos, José-Carlos Mainer y Rosa Navarro. *Breve historia de la literatura española*. Madrid: Alianza, 1997.

Amat, Nuria. *Viajar es muy difícil*. Barcelona: Anaya y Mario Muchnik, 1995.

——. "La enfermedad de la novela". *El País* 13 nov. 2001. 2 jun. 2007 <http://www.elpais.es>.

Amorós, Andrés. "El recuerdo como salvación". *El Mundo* 10 sep. 1999: 58.

Anderson, Linda. *Autobiography*. London: Routledge, 2001.

Anderson Imbert, Enrique. *Teoría y técnica del cuento*. Barcelona: Ariel, 1996.

Ascunce, José Ángel. "El desencanto: clave significativa de la narrativa actual". *Siete ensayos sobre la cultura posfranquista*. Ed. Federico Bonaddio y Derek Harris. Aberdeen: U of Aberdeen, 1995. 49–63.

Astelarra, Judith. *Las mujeres podemos: otra visión política*. Barcelona: Icaria, 1986.

Audiberti, Marie-Louise. "La neige. Fantasmes de l'effacement chez Robert Walser". *Effets de neige*. Université Blaise Pascal: CRLMC, 1998. 81–92.

Ávila López, Enrique. "Conversando con Rosa Regàs, una figura polifacética de la cultura catalana: miembro de la *Gauche divine*, traductora y escritora". *Tesserae: Journal of Iberian and Latin American Studies* 10.2 (2004): 213–36.

Bajtín, Mijail. *The Dialogic Imagination: Four Essays*. Trad. Caryl Emerson y Michael Holquist. Austin: U of Texas P, 1981.

Bal, Mieke. "Reading Art?" *Generations and Geographies in the Visual Arts: Feminist Readings*. Ed. Griselda Pollock. London: Routledge, 1996. 25–41.

——. *Teoría de la narrativa*. Madrid: Cátedra, 1998.

Balakian, Anna. *El movimiento simbolista*. Madrid: Guadarrama, 1969.

Baquero Goyanes, Mariano. *Estructuras de la novela actual*. Barcelona: Planeta, 1972.

Barral, Carlos. *Años de penitencia*. Madrid: Alianza Editorial, 1975.

Beisel, Inge. "La literatura como arte mnemotécnico en *Luna de lobos* de Julio Llamazares". *Siete ensayos sobre la cultura posfranquista*. Ed. Federico Bonaddio y Derek Harris. Aberdeen: U of Aberdeen, 1995. 64–73.

Berg, William J. *The Visual Novel: Emile Zola and the Art of His Times*. Pennsylvania: Pennsylvania State U, 1992.

Blackburn, Julia. *El desierto de Daisy Bates*. Barcelona: Grijalbo, 1999.

Blanco Aguinaga, Carlos, et al. *Historia social de la literatura española III*. Madrid: Castalia, 1983.

Bollinger, Rosemarie. "Esther Tusquets: el lenguaje, el alma, el mar". *Abriendo caminos*. Ed. Dieter Ingenschay y Hans-Jörg Neuschäfer. Barcelona: Lumen, 1994. 41–50.

Booth, Wayne C. *The Rhetoric of Fiction*. London: Penguin, 1991.

Borenschen, Silvia. "¿Existe una estética feminista?" *Estética feminista*. Ed. Gisela Ecker. Barcelona: Icaria, 1986. 21–58.

Bourdieu, Pierre. *In Other Words: Essays towards a Reflexive Sociology*. Cambridge: Polity, 1994.

——. *Distinction: A Social Critique of the Judgment of Taste*. London: Routledge, 1996.

Brewer, William F. "What is autobiographical memory?" *Autobiographical memory*. Ed. David C. Cambridge: Cambridge UP, 1986. 25–49.

Broughton, Lynda. "Portrait of the Subject as a Young Man: The Construction of Masculinity Ironized in 'Male' Fiction". *Subjectivity and Literature from the Romantics to the Present Day*. Ed. Philip Shaw y Peter Stockwell. London: Pinter Publishers, 1991. 135–45.

Brown, Joan L. "Rosa Montero: From Journalist to Novelist". Ed. Brown, Joan L. *Women Writers of Contemporary Spain*. London: Associated UP, 1991. 240–57.

Brown, Marshall, ed. *The Uses of Literary History*. Durham: Duke UP, 1995.

Bush, Andrew. "Ana María Moix's Silent Calling". *Women Writers of Contemporary Spain*. Ed. Joan L. Brown. London: Associated UP, 1991. 136–58.

Butor, Michel. "Le voyage et l'écriture". *Romantisme* 4 (1972): 4–19.

Camnitzer, Luis. *Arte y enseñanza: la ética del poder*. Madrid: Casa de América, 2000.

Caruth, Cathy, ed. *Trauma: Explorations in Memory*. Baltimore: The Johns Hopkins UP, 1995.

Casamar Pérez, Remedios. *Memorias de una niña. Historias de la guerra*. Granada: Proyecto Sur, 1993.

Caso, Ángeles. *El peso de las sombras*. Barcelona: Planeta, 1994.

Castilla, Amelia. "Tres escritoras para una época". *El País* 30 oct. 1999: 57.

Chejov, Anton Pavlovich. *Los campesinos y otros cuentos*. Barcelona: Granica, 1985.

Cixous, Hélène. "The Laugh of the Medusa". Trad. Keith y Paula Cohen. *Signs* 1.4 (1976): 875–93.

——. *Rootprints: Memory and Life Writing*. London: Routledge, 1997.

Cohn, Deborah N. *History and Memory in the Two Souths*. London: Vanderbilt UP, 1999.

Conrad, Joseph. *Tifón*. Barcelona: Granica, 1985 y Barcelona: Grijalbo Mondadori, 2000.

Coren, Alan. *Arthur el solitario*. Barcelona: La Gaya Ciencia, 1981.

Culler, Jonathan. *Literary Theory. A Very Short Introduction*. Oxford: Oxford UP, 1997.

D.F. "Gil Calvo critica la visión reduccionista sobre la mujer actual". *El País* 6 jun. 2000. 2 jun. 2007 <http://www.elpais.es>.

D.M. "Rosa Regàs gana el premio Planeta con una novela de suspense". *Abc* 19 oct. 2001: 47. 2 jun. 2007 <http://www.abc.es>.

Davies, Catherine. *Contemporary Feminist Fiction in Spain.* Oxford: Berg, 1994.

De Botton, Alain. *Del amor.* Barcelona: Ediciones B, 1998.

Delgado, Josefina. *Alfonsina Storni. Una biografía (mujeres argentinas).* Barcelona: Planeta, 1992.

De Saussure, Ferdinand. *Curso de lingüística general.* Buenos Aires: Losada, 1945.

Del Prado, F.J. *Cómo se analiza una novela.* Madrid: Alhambra, 1984.

Dennis, Nigel. *Diablo mundo: los intelectuales y la República. Antología.* Madrid: Fundamentos, 1983.

Díaz Burgos, Juan Manuel. *Malecón de La Habana: el gran sofá.* Murcia: Mestizo, 1997.

Díaz-Mas, Paloma. "Memoria y olvido en mi narrativa". *La memoria histórica en las letras hispánicas contemporáneas.* Ed. Patrick Collard. Genève: Romanica Gandensia XXVII, 1994. 87–97.

Domínguez Lasierra, Juan. "Francisco Ayala: las novelas que hoy se escriben son memorias disfrazadas". *Turia: Revista Cultural* 51–52 (2000): 249–61.

Eagleton, Terry, *Literary Theory.* Oxford: Blackwell, 1992.

Eagleton, Mary, ed. *Feminist Literary Theory.* Cambridge: Blackwell, 1996.

Ecker, Gisela, ed. *Estética feminista.* Barcelona: Icaria, 1986.

Edwards, Philip. *Sea-Mark. The Metaphorical Voyage, Spenser to Milton.* Liverpool: Liverpool UP, 1997.

Elle enero 1997: 90–92.

Felski, Rita. "Beyond Feminist Aesthetics: Feminist Literature and Social Change". *Feminist Literary Theory.* Ed. Mary Eagleton. Cambridge: Blackwell, 1996. 165–69.

Gadamer, Hans-George. *Truth and Method.* London: Sheed & Ward, 1975.

García, Javier. "Entrevista a José Saramago: 'hemos llegado al fin de una civilización'". *El País* 19 nov. 2000. 2 jun. 2007 <http://www. elpais.es>.

García Gual, Carlos. *Los orígenes de la novela*. Madrid: Istmo, 1972.

García Montero, Luis. *Poesía, cuartel de invierno*. Madrid: Hiperión, 1988.

García Ríos, Araceli. Prólogo. *El corazón de las tinieblas*. De Joseph Conrad. Madrid: Alianza, 1993. 7–16.

García-Posada, Miguel. "Memoria del maquis". *El País* 15 jun. 2001. 2 jun. 2007 <http://www.elpais.es>.

Genette, Gérard. *The Architext. An introduction*. Berkeley: U of California P, 1992.

——. *Narrative Discourse. An Essay in Method*. Ithaca: Cornell UP, 1993.

——. *Nuevo discurso del relato*. Trad. María Luisa Rodríguez Tapia. Madrid: Cátedra, 1993.

Godoy Gallardo, Eduardo. *La infancia en la narrativa española de posguerra*. Madrid: Playor, 1979.

Gómez Redondo, Fernando. *La crítica literaria del siglo XX*. Madrid: Edaf, 1996.

González, Ángel y Ricardo Labra. *Ángel González en la generación del 50*. Oviedo: Tribuna Ciudadana, 1998.

Goytisolo, Juan. *Disidencias*. Barcelona: Seix Barral, 1977.

Gracia, Jordi. *El ensayo español*. Barcelona: Crítica-Grijalbo, 1996.

Graham, Helen y Jo Labanyi, eds. *Spanish Cultural Studies*. Oxford: Oxford UP, 1995.

Grandes, Almudena. *Modelos de mujer*. Barcelona: Tusquets, 1996.

Grass, Roland y William R. Risley, eds. *Waiting for Pegasus. Studies of the Presence of Symbolism and Decadence in Hispanic Letters*. Illinois: Western Illinois U, 1979.

Gray, Richard. *The Literature of Memory*. London: Edward Arnold, 1977.

Groeger, John A. *Memory and Remembering*. London: Longman, 1997.

Guerrero, Ana Clara. *Viajeros británicos en la España del siglo XVIII*. Madrid: Aguilar, 1990.

Gullón, Ricardo. *La novela lírica*. Madrid: Cátedra, 1984.

Harper, Joseph Henry. *The House of Harper: A Century of Publishing in Franklin Square*. New York: Harper & Brothers Publishers, 1912.

Hernández Guerrero, José Antonio, coord. *Manual de teoría de la literatura*. Sevilla: Algaida, 1996.

Hiddleston, J.A. *Baudelaire and the Art of Memory*. Oxford: Oxford UP, 1999.

Higuero, Francisco Javier. *La memoria del narrador*. Valladolid: Ámbito, 1993.

Hoffmann, Leonore y Margo Culley, eds. *Women's Personal Narratives*. New York: MLAA, 1991.

Huertas, Josep Maria. "Rosa Regàs, condición de madre". *El Periódico* 18 nov. 1998: 36.

Humbert, Juan. *Mitología griega y romana*. Barcelona: Gustavo Gili, 1988.

Huyssen, Andreas. *Twilight Memories*. London: Routledge, 1995.

I.C. "Me cuesta escribir". *Diario de León* 26 mar. 1996. 2 jun. 2007 <http://www.diariodeleon.es>.

I.O. "Plaza y Janés recopila textos inéditos de mujeres viajeras". *El País* 29 mar. 2001. 2 jun. 2007 <http://www.elpais.es>.

Intemann, Dinonno. "El tema de la soledad en la narrativa de Soledad Puértolas". Diss. Temple U, 1993.

Iser, Wolfgang. *The Act of Reading*. London: Routledge, 1976.

Jackson, John Wyse y Bernard McGinley, eds. *James Joyce's Dubliners*. London: Sinclair-Stevenson, 1993.

Jaime, Antoine. *Literatura y cine en España (1975–1995)*. Madrid: Cátedra, 2000.

Jiménez, José Olivio. *El Simbolismo*. Madrid: Taurus, 1979.

Jung, C. G. *Symbols of Transformation. Vol. V Collected Works*. Trad. R.F.C. Hull. London: Routledge & Paul, 1956.

King, Stewart. "La escritura de la catalanidad. Negociaciones textuales de cultura, lengua e identidad en la narrativa contemporánea de Cataluña". Diss. La Trobe U, 1999.

Labanyi, Jo. *Myth and History in the Contemporary Spanish Novel*. Cambridge: Cambridge UP, 1989.

Landry, Donna y Gerald MacLean, eds. *The Spivak Reader*. London: Routledge, 1996.

Langa Pizarro, María del Mar. *Del franquismo a la posmodernidad: la novela española (1975–1999)*. Alicante: U de Alicante, 2000.

Langbaum, Robert. *La poesía de la experiencia*. Granada: Comares, 1996.

Lastra, Pedro, ed. *Julio Cortázar*. Madrid: Taurus, 1981.

Lawlor, Teresa y Mike Rigby, eds. *Contemporary Spain*. London: Longman, 1998.

Lehmann, A.G. *The Symbolist Aesthetic in France, 1885–1895*. Oxford: Basil Blackwell, 1950.

León-Sotelo, Trinidad de. "Rosa Regàs publica *Pobre corazón*, nueve cuentos unidos por el amor". *Abc* 12 nov. 1996: 76.

———. "Manuel Vicent recibió ayer el premio Alfaguara". *Abc* 21 abr. 1999. 2 jun. 2007 <http://www.abc.es>.

Litvak, Lily. *España 1900. Modernismo, anarquismo y fin de siglo*. Barcelona: Anthropos, 1990.

Lluch Villalba, María Ángeles. *Los cuentos de Carmen Martín Gaite*. Pamplona: Eunsa, 2000.

López, Josefina. "Rosa Regàs: un alegato contra la injusticia". *Cuaderno de Letras* 2 (1998): 22–23.

Mainer, José-Carlos. *La escritura desatada*. Madrid: Temas de Hoy, 2000.

Manrique, Winston. "La renovación del género biográfico aumenta la oferta editorial en España". *El País* 13 nov. 2000. 2 jun. 2007 <http://www.elpais.es>.

Marsé, Juan. "El 23-F o el 'tejerazo' como españolada". *Memoria de la transición*. Ed. Santos Juliá, Javier Pradera y Joaquín Prieto. Madrid: Taurus, 1996. 504–06.

Martín Nogales, José Luis. *Los cuentos de Ignacio Aldecoa*. Madrid: Cátedra, 1984.

Martínez Cachero, José María. *La novela española entre 1936 y el fin de siglo*. Madrid: Castalia, 1997.

Meaurio, Javier. "La diferencia no la marcan los sexos sino el dinero, que posibilita acceder a la cultura". *El Diario Vasco* 12 nov. 1998: 69.

Mills, Sara. *Discourses of difference*. London: Routledge, 1991.

M.J.O. "La palabra y los hijos". *El País* (Babelia) 2 ene. 1999: 11.

Moi, Toril. *Sexual/Textual Politics: Feminist Literary Theory*. London: Methuen, 1985.

Monleón, José B. ed. *Del franquismo a la postmodernidad*. Madrid: Akal, 1995.

Morales Cuesta, Manuel María. *La voz narrativa de Antonio Muñoz Molina*. Barcelona: Octaedro, 1996.

Morató, Cristina. *Viajeras intrépidas y aventureras*. Barcelona: Plaza y Janés, 2001.

Moret, Xavier. "El canon literario de ahora mismo". *El País* 19 nov. 2000. 2 jun. 2007 <http://www.elpais.es>.

Munárriz, Miguel, coord. *¡Viva la literatura viva!* Oviedo: Ayuntamiento de Oviedo, 1996.

Murray, Patrick. *Literary Criticism*. Harlow, Essex: Longman, 1978.

Navajas, Gonzalo. *Mímesis y cultura en la ficción*. London: Tamesis Books Limited, 1985.

Nieto, Ramón. *El oficio de escribir*. Madrid: Acento, 1998.

Obiol, María José. "La memoria y sus modos". *El País* (Babelia) 28 ago. 1999: 8–9.

———. "Manuel Vicent: 'el arte y la literatura sirven para olvidar que el mundo existe'". *El País* (Babelia) 28 oct. 2000: 8.

Padilla, Genaro M. *My History, Not Yours: The Formation of Mexican American Autobiography*. Madison: U of Wisconsin P, 1993.

Peña Ardid, Carmen. *Literatura y cine*. Madrid: Cátedra, 1992.

Perriam, Chris. "Literary *Modernismo* in Castilian: The Creation of a Dissident Cultural Elite". *Spanish Cultural Studies*. Ed. Helen Graham y Jo Labanyi. Oxford: Oxford UP, 1995. 53–55.

———, et al. *A New History of Spanish Writing 1939 to the 1990s*. Oxford: Oxford UP, 2000.

Pilling, John. *Autobiography and Imagination*. London: Routledge, 1981.

Pita, Elena. "Conversaciones íntimas con Rosa Regàs". *El Mundo* (Magazine) 4 nov. 2001: 54–57.

Plank, Karl A. "The Survivor's Return: Reflections on Memory and Place". *Burning Memory*. Ed. Alice L. Eckardt. Oxford: Pergamon Press, 1993. 185–202.

Plett, Heinrich F., ed. *Intertextuality*. Berlin: Walter de Gruyter, 1991.

Porter Houston, John. *French Symbolism and the Modernist Movement*. Baton Rouge: Louisiana State UP, 1980.

Pratt, Mary Louise. "Scratches on the Face of the Country; or What Mr. Barrows Saw in the Land of the Bushmen". *Critical Inquiry* 12 (1985): 119–43.

———. *Imperial Eyes*. London: Routledge, 1992.

Preciado, Nativel. *El sentir de las mujeres*. Madrid: Temas de Hoy, 1997.

Puga, María Luisa. *Lo que le pasa al lector*. México: Grijalbo, 1991.

Regàs, Rosa. *Memoria de Almator*. Barcelona: Planeta, 1991.

———. "El abuelo y *La Regenta*". *Clij* jul.-ago. (1992): 65–68.

———. *Luna lunera*. Barcelona: Plaza y Janés "Areté", 1999.

———. *Canciones de amor y de batalla (1993–1995)*. Madrid: El País Aguilar, 1995.

———. *Azul*. Barcelona: Destino (Colección Áncora y Delfín), 1994.

———. *Pobre corazón*. Barcelona: Destino, 1996.

———. *Sangre de mi sangre*. Madrid: Temas de Hoy, 1998.

———. "Primer plano: 50 días después". *El Mundo* 31 oct. 2001. 2 jun. 2007 <http://www.elmundo.es>.

———. *La creación, la fantasía y la vida*. Madrid: FAPE, 1998.

———. "Hasta la vista, amigo". *Cuentos de cine*. Ed. José Luis Borau y Rosa Junquera. Madrid: Santillana-Alfaguara, 1996. 533–51.

———. *Desde el mar*. Madrid: Alianza Editorial, 1997.

———. *Ginebra*. Barcelona: Destino, 1988.

———. *La canción de Dorotea*. Barcelona: Planeta, 2001.

———. *Viaje a la luz del Cham*. Barcelona: Destino, 1995.

———. "Cortesía del beduino". *Viajar* 109 (1994): 32–37.

———. "Alucinado lago Baringo". *El peor viaje de nuestras vidas*. Ed. Jesús Torbado. Barcelona: Plaza Janés, 2000. 195–218.

———. *España. Una mirada nueva*. Barcelona: Lunwerg, 1997.

———. Prólogo. *Las aventuras de Tom Sawyer*. De Mark Twain. Madrid: Biblioteca El Mundo, 1999. pp. 1–4.

———. "Glorioso aniversario (23-F)". *Nuevos episodios nacionales, 25 historias de la democracia (1975–2000)*. Comp. Luis G. Martín, et al. Madrid: Edaf, 2000. 107–21.

———. "Desconcertantes sesenta: 1960–1970". *Retrato de un siglo*. Ed. Luis Carandell. Madrid: Temas de Hoy, 1999. 177–99.

———. Prólogo. *No digas que fue un sueño*. De Terenci Moix. Madrid: Biblioteca El Mundo, 2001. pp. 1–4.

———. *Más canciones... (1995–1998)*. Zaragoza: Prames, 1998.

———. "¿Qué democracia?" *El País* 28 ago. 1997: 9.

———. "¿Qué democracia?" *Más canciones... (1995-1998)*. Rosa Regàs. Zaragoza: Prames, 1998. 18-21.

———. "¿Qué democracia?" Ed. José Alcina Franch y Marisa Calés Bourdet. *Hacia una ideología para el siglo XXI*. Madrid: Akal, 2000. 28–32.

———. "Mujeres libertarias". *El País* 12 abr. 1996: 34.

———. Entrevista. "Regàs: el don de la energía". Canal 2 Andalucía. 14 sep. 1999.

———. "¿Para quién escribo?" *Revista de Occidente* 179 (1996): 125–33.

———. *El cuadro del mes. Una revolución personal*. Madrid: Thyssen-Bornemisza, 1997.

———. Prólogo. *Malecón de La Habana: el gran sofá*. De Juan Manuel Díaz Burgos. Murcia: Mestizo, 1997. pp. 1–2.

———. *Barcelona, un día*. Ed. Rosa Regàs. Madrid: Santillana-Alfaguara, 1998.

———. *De Madrid... al cielo*. Ed. Rosa Regàs. Madrid: Muchnik, 2000.

———. *Sombras, nada más*. México: UNAM, 1998.

———. Prólogo. *Arte y enseñanza: la ética del poder*. De Luis Camnitzer. Madrid: Casa de América, 2000. pp. 1–2.

Regàs, Rosa, Almudena Martínez y Miguel Ángel Muro, eds. *Actas del Seminario de Creación y Teoría Literarias*. Logroño: Gobierno de la Rioja, 1995.

Regàs, Rosa y Oliva María Rubio. *"Gauche divine"*. Barcelona: Lunwerg, 2000.

Regàs, Oriol. "Un 'Planeta' en la familia". *El Mundo* (Cataluña: Barcelona mon amour) 21 oct. 2001. 2 jun. 2007 <http://www.elmundo.es>.

Rennie, Neil. *Far-Fetched Facts*. Oxford: Oxford UP, 1995.

Reyzábal, María Victoria. *Diccionario de términos literarios, II (O-Z)*. Madrid: Acento, 1998.

Rico, Francisco. *Historia y crítica de la literatura española. 9/1 Los nuevos nombres: 1975–2000* (Primer Sumplemento). Comp. Jordi Gracia. Barcelona: Crítica, 2000.

Riddel, María del Carmen. *La escritura femenina en la posguerra española: análisis de novelas escogidas de Carmen Martín Gaite, Ana María Matute y Elena Quiroga*. New York: Peter Lang Publishing, 1995.

Riera, Josep María y Elena Valenciano. *Las mujeres de los 90*. Madrid: Morata, 1991.

Rojo, José Andrés. "Ciudad sobre ciudad". *El País* 29 oct. 2001. 2 jun. 2007 <http://www.elpais.es>.

——. "Rosa Regàs: ganadora del premio Planeta". *El País* 7 nov. 2001: 47.

Romero, Isabel, et. al. "Feminismo y literatura: la narrativa de los años 70". *Actas de las cuartas jornadas de investigación interdisciplinaria. Literatura y vida cotidiana*. Ed. María Ángeles Durán y José Antonio Rey. Zaragoza: Seminario de Estudios de la Mujer de la U de Madrid, 1987. 337–57.

Rovira Soler, José Carlos. *Para leer a Pablo Neruda*. Madrid: Palas Atenea, 1991.

Ruiz, Marina. "Volver a la historia, mi obligación intelectual, dice Günter Grass". *La Jornada* 17 oct. 1999. 2 jun. 2007 <http://www.jornada. unam.mx/1999/10/17/cul1.html>.

Rutherford, John. *La Regenta y el lector cómplice*. Murcia: U de Murcia, 1988.

Sánchez-Prieto, Juan María. "Cien años sin memoria". *Rilce* 15.1 (1999): 13–26.

Santa Eulalia, Mary G. "La potente ola del periodismo femenino". *La mujer española: de la tradición a la modernidad (1960–1980)*. Ed. Concha Borreguero, et al. Madrid: Tecnos, 1986. 127–31.

Sanz Villanueva, Santos. "El lastre de una amarga infancia". *El Mundo* (Esfera) 11 sep. 1999. 2 jun. 2007 <http://www.elmundo.es>.

Sartorius, Nicolás y Javier Alfaya. *La memoria insumisa*. Madrid: Espasa-Calpe, 2000.

Servodidio, Mirella. "Esther Tusquets's Fiction: The Spinning of a Narrative Web". *Women Writers of Contemporary Spain*. Ed. Joan L. Brown. London: Delaware, 1991. 159–78.

Shaw, Philip y Peter Stockwell, eds. *Subjectivity and Literature from the Romantics to the Present Day*. London: Pinter Publishers, 1991.

Smith, Paul Julian. *The Moderns*. Oxford: Oxford UP, 2000.

Smith, Sidonie y Julia Watson, eds. *Women, Autobiography, Theory. A Reader*. London: U Wisconsin P, 1998.

Stanford Friedman, Susan. "Women's Autobiographical Selves: Theory and Practice". *Women, Autobiography, Theory. A Reader.* Eds. Sidonie Smith y Julia Watson. London: U Wisconsin P, 1998. 72–82.

Sterne, Laurence. *Viaje sentimental.* Madrid: Espasa-Calpe, 1984.

Stevenson, Robert Louis. *Jeckyll y Mr. Hyde.* Barcelona: La Gaya Ciencia, 1983.

Stout, Janis P. *Through the Window, Out the Door.* Tuscaloosa; London: U of Alabama P, 1998.

Stowe, William W. *Going Abroad.* Princeton: Princeton UP, 1994.

Sullà, Enric, ed. *Teoría de la novela.* Barcelona: Crítica Grijalbo, 1996.

Thomas, Noel. *The narrative works of Günter Grass.* Amsterdam: John Benjamins Publishing, 1982.

Torbado, Jesús, ed. *El peor viaje de nuestras vidas.* Barcelona: Plaza Janés, 2000.

Torres, Rosana. "'La guerra civil no ha terminado en España', asegura Buero Vallejo". *El País* 8 oct. 1999. 2 jun. 2007 <http://www.elpais.es>.

Tortosa, Virgilio. *Reseña de Escritura autobiográfica*, ed. J. Romera, et al. Diablotexto 2 (1999): 230–33.

Tremlett, Giles. "Catalonia Angry at Influx of 'Foreigners'". *The Guardian* 1 mar. 2001: 20.

Turpín, Enrique. "El principio de verosimilitud". *Lateral* 3 (1995): 7.

Van Reijen, Willem y Willem G. Weststeijn, eds. *Subjectivity.* Amsterdam: Rodopi, 2000.

Vázquez Montalbán, Manuel. *La literatura en la construcción de la ciudad democrática.* Barcelona: Grijalbo Mondadori, 1998.

Verani, Hugo. *Onetti: el ritual de la impostura.* Caracas: Monte Ávila, 1981.

Villena, Miguel Ángel. "Carrillo defiende el comunismo, pese a 'sus errores y sus crímenes'". *El País* 2 dic. 2000. 2 jun. 2007 <http://www.elpais.es>.

Warren, Karen J. "El poder y la promesa de un feminismo ecológico". *Ecología y feminismo.* Ed. Maria Xose Agra Romero. Granada: Comares, 1997. 117–46.

Waugh, Patricia. *Practising Postmodernism/Reading Modernism.* New York: Routledge, 1992.

Wesley, Marilyn C. *Secret Journeys*. New York: State U of NY, 1999.

Wilson, Elizabeth. "Mirror Writing: An Autobiography". *Feminist Literary Theory*. Ed. Mary Eagleton. Cambridge: Blackwell, 1996. 247–49.

Williams, Linda R., ed. *Bloomsbury Guides to English Literature. The Twentieth Century*. London: Bloomsbury, 1994.

Woolsey, Gamel. *Málaga en llamas*. Madrid: Temas de Hoy, 1998.

Zambrano, María. *Delirio y destino*. Madrid: Mondadori, 1989.

Apéndice

Bibliografía cronológica de Rosa Regàs: 1988–2007

1. Novelas

Memoria de Almator. Barcelona: Planeta, 1991.
Azul. Barcelona: Destino (Colección Áncora y Delfín), 1994.
Luna lunera. Barcelona: Plaza y Janés "Areté", 1999.
La canción de Dorotea. Barcelona: Planeta, 2001.

2. Cuentos

Pobre corazón. Barcelona: Destino, 1996.
Regàs, Rosa y Joan Amades. *Hi havia una vegada: una tria de conte-populars catalans*. Barcelona: La Magrana, 2001.
Viento armado. Barcelona: Planeta, 2006.

3. Relatos aislados

"El abuelo y *La Regenta*". *Clij* jul.-ago. (1992): 65–68.
"La nobleza de la tradición". *Clij* jul.-ago. (1995): 34–36.
"Ganas de quejarse, la verdad". *Cambio 16* 18 (1995): 30–31.
"Ganas de quejarse, la verdad". *Cuentos de Fútbol 1*. Ed. Jorge Valdano. Madrid: Santillana-Alfaguara, 1996. 259–65.
"Hasta la vista, amigo". *Cuentos de cine*. Ed. José Luis Borau y Rosa Junquera. Madrid: Santillana-Alfaguara, 1996. 533–51.

"Hasta la vista, amigo". *El País Semanal* (Colección relatos: un verano de cine) 11 ago. 1996: 81–87.

"El guerrillero". *Revista de Occidente* 185 (1996): 133–37.

"Lluvia de invierno". *Cuentos de invierno.* Ed. Rosa Regàs. Murcia: Thader Press, 1997. 15–43.

"Lluvia de invierno". *Siempre!* 8 (1998): 56–57.

"Un cuento de Navidad". *Barcelona, un día.* Ed. Rosa Regàs. Madrid: Santillana-Alfaguara, 1998. 333–53.

"Un alto en el camino". *Relatos para un fin de milenio.* Ed. Elena Butragueño y Javier Goñi. Barcelona: Plaza y Janés, 1998. 67–80.

"Fábula moralista". *Las voces del espejo.* Comp. Sealtiel Alatriste, et al. México: Frente Zapatista de Liberación Nacional, 1998. 57–61.

"El abuelo y *La Regenta*". *Turia. Revista cultural* 45 (1998): 55–60.

"El abuelo y *La Regenta*". *Vidas de mujer.* Ed. Mercedes Monmany. Madrid: Alianza Editorial, 1999. 19–26.

"Los funerales de la esperanza". *Mujeres al alba.* Comp. Josefina Aldecoa, et al. Madrid: Alfaguara, 1999. 137–59.

"A la sombra de los cipreses". *Cuentos solidarios.* Comp. Carmen Posadas, Ángeles Mastretta, et al. Madrid: Perfiles ONCE, 1999. 21–23.

"La cita y el azar". *El País* 25 ago. 1999: 11.

"Cercanías arriesgadas". *Qué Leer/Renfe* (Colección la mujer del tren) jun. 1999: 28–29.

"La cigarra y la hormiga". *El Puente* nov. 1999: 49–51.

"Glorioso aniversario (23-F)". *Nuevos episodios nacionales, 25 historias de la democracia (1975–2000).* Comp. Luis G. Martín, et al. Madrid: Edaf, 2000. 107–21.

"Aprendizaje". *Turia. Revista cultural* 53 (2000): 81–84.

"El plantón". *Abril. Revista de papel* 20 octubre (2000): 49–50.

"Pelo panocha: el peor verano de mi vida". *El Mundo* (UVE) 10 ago. 2000 <http://www.elmundo.es>.

"El molino de viento". *Cuentos de las dos orillas.* Ed. José Monleón. Granada: Fundación El Legado Andalusí, 2001. 45–55.

La cigarra y la hormiga: fábula moral. Sevilla: Fundación El Monte, 2001.

"El puente aéreo Madrid-Barcelona. La Madonna del manto negro". *12 autores para una nueva era.* Comp. Camilo José Cela, Mario Vargas Llosa, et al. Barcelona: RBA promociones, 2001.

"El Gatopardo, 1963. El paso del tiempo". *Luchino Visconti*. Ed. Juan Antonio Pérez Millán. Valladolid: Semana Internacional de Cine de Valladolid, 2001.

"La Madonna del manto negro". *Leer* 134 (2002): 38–40.

"La hija del penal". *Orosia. Mujeres de sol a sol*. Comp. Espido Freire, Rosa Regàs, et al. Jaca: Pirineum Editorial, 2002.

"Milagro de navidad". *El Mundo* 10 dic. 2003 <http://www.rosaregas. net>.

Los funerales de la esperanza. Rivas-Vaciamadrid, Madrid: A. Asppan. Distribuidora Internacional de Libros y Revistas, 2006.

4. Artículos literarios

"Mi obra favorita". *El Gíglico* (Ayuntamiento de Oviedo) 28–29 (1994): 4.

"Leer es crear". *Clij* 58 (1994): 82.

"La nobleza de la tradición". *Clij* 74 (1995): 34–36.

"Las tres bandas de la narrativa". *Letra Internacional* 38 (1995): 32–35.

"¿Para quién escriben los novelistas?" *Última Hora Dominical* 10 sep. 1995: 46–47.

"Un talento interminable: Manolo Vázquez Montalán". *La Vanguardia* 5 dic. 1995: 39.

"Mis lecturas: una fuente de profundo placer". *El País* (Babelia) 10 feb. 1996: 14.

"Catalana en Madrid". *El País Semanal* 18 abr. 1996: 68.

"Teatro e impostura". *El País* 22 abr. 1996: 14.

"¿Para quién escribo?" *Revista de Occidente* 179 (1996): 125–33.

"¿Para quién escribo?" *Encuentro internacional. Narradores de esta América*. Ed. Jorge Cornejo Polar, Ilse Wisotzki y Mario Vargas Llosa. Lima: Universidad de Lima, 1998. 105–08.

"Literatura y mujeres". *Ajoblanco* 85 (1996): 9.

"Pasión por las causas justas". *Diario 16* 13 (1996): 7.

"El amor imposible". *Revista Canal Plus* oct. 1996: 9.

"Un paseo por las nubes". *Revista Canal Plus* ene. 1997: 5.

"La amplitud de la cultura". *Segre* 29 ene. 1997: 4.

"¿Para qué olvidar?" *El País* 15 nov. 1997: 14.

"Un héroe de nuestro tiempo". *Revista Canal Plus.* may. 1998: 11.

"de Lluvia". *Fotogramas* 1.858 (1998): 121–22.

"El don de mirar". *El País* 15 ago. 1998: 20.

"El Mar Mestizo". *Boletín Pro-Maris* oct. 1998: 3.

"Instinto maternal". *El País* 15 nov. 1998: 14–15.

"La música y su futuro". *El País* 13 ene. 1999 <http://www.elpais.es>.

"El espacio y el silencio en la vivienda del siglo XXI". *Casa Woman* abr. 1999: 8 y 114.

"Günter Grass: el compromiso de un nobel". *El Mundo* 1 oct. 1999 <http://www.rosaregas.com>.

"Luna lunera". *L'Hospitalet* 10 dic. 1999: 4.

"Katrina, mi heroína de ficción". *Katrina.* De Sally Salminen. Barcelona: Ediciones del Bronce, 1999. 461–69.

"Correspondencia". *Madame Bovary.* De Gustave Flaubert. Barcelona: Grijalbo Mondadori, 2000. 505–12.

"Juan Marsé: el impagable vuelo del talento". *El Mundo* 1 may. 2000 <http://www.rosaregas.com>.

"Los lectores". *Grupo Correo* [sin fecha] sep. 2000 <http://www.rosaregas.com>.

"Memoria histórica". *Grupo Correo* [sin fecha] nov. 2000 <http://www.rosaregas.com>.

"Pedro Molina Temboury: escritor". *El Mundo* 7 ene. 2001 <http://www.rosaregas.com>.

"Un ámbito de voces (F. Umbral)". *El Mundo* 23 abr. 2001 <http://www.rosaregas.com>.

"La belleza de la inteligencia (Doris Lessing)". *El Mundo* 8 jun. 2001, <http://www.rosaregas.com>.

"Derechos de los lectores". *Grupo Correo* [sin fecha] jul. 2001 <http://www.rosaregas.com>.

"¡Vaya ciencia!" *Grupo Correo* [sin fecha] sep. 2001 <http://www.rosaregas.com>.

"Montserrat Roig". *Grupo Correo* [sin fecha] nov. 2001 <http://www.rosaregas.com>.

"Sin riesgo no hay inspiración". *El País* 5 ene. 2002 <http://www.rosaregas.com>.

"La tierra roja". *El Mundo* 21 ene. 2002 <http://www.rosaregas.com>.

"Adolfo Marsillach". *Grupo Correo* 2 feb. 2002 <http://www.rosaregas. com>.

"Doctor Trens, el verdadero maestro". *Mi infancia son recuerdos...* Ed. Rosa Regàs. Madrid: Santillana Educación, 2002.

"Los personajes: mensajeros de ideas". *Academia: Revista del cine español* 32 (2002): 117–118.

"Intervención en una de las mesas sobre la memoria de la dictadura". 22 mar. 2003 <http://www.rosaregas.com>.

"Schubert, el genio romántico". *Revista La Aventura de la Historia* 31 mar. 2003 <http://www.rosaregas.com>.

"Intervención en una mesa redonda en la Casa de América de Madrid en homenaje a Salvador Allende". [Inédito] 11 sep. 2003 <http://www. rosaregas.com>.

"Carta de amor a Jaime Salinas". *El Mundo* 15 sep. 2003 <http://www. rosaregas.com>.

"Un regalo de amistad". *La Razón* 19 oct. 2003 <http://www.rosaregas. com>.

"Ausencia de un superdotado". *El Periódico* 19 oct. 2003 <http://www. rosaregas.com>.

"Un senyor de Barcelona". *Avuí* 19 oct. 2003 <http://www.rosaregas. com>.

"Un hombre de ideas". *La Vanguardia* 19 oct. 2003 <http://www.rosaregas. com>.

"Esta canción, Manolo, es para ti". *El Mundo* 19 oct. 2003 <http://www. rosaregas.com>.

"Silencio". *Grupo Correo* 25 oct. 2005 <http://www.rosaregas.com>.

"Intervención en una mesa redonda 'por una victoria de los ciudadanos'". [Inédito] 29 sep. 2003 <http://www.rosaregas.com>.

"Vivir la vida". *Grupo Correo* 1 nov. 2003 <http://www.rosaregas.com>.

"Buenas personas". *Correo de Bilbao* 22 nov. 2003 <http://www.rosaregas. com>.

"Manifiesto de los profesionales del cine y de la cultura en los campamentos de refugiados saharaui". [Inédito] 22 nov. 2003 <http://www. rosaregas.com>.

"Milenio". *Grupo Correo* 17 ene. 2004 <http://www.rosaregas.com>.

"Puig Antich". *Grupo Correo* 6 mar. 2004 <http://www.rosaregas. com>.

"La vida de Brian". *El Mundo* 13 abr. 2004 <http://www.rosaregas. com>.

"Querido Gades". [Inédito] 24 jul. 2004 <http://www.rosaregas.net>.

"Thomas Miller". *El Correo* 25 sep. 2004 <http://www.rosaregas.net>.

"El Quijote". *El Correo* 16 abr. 2005 <http://www.rosaregas.net>.

"Veinte poemas de amor y una canción desesperada, Pablo Neruda". *El Periódico* 6 jun. 2004 <http://www.rosaregas.net>.

"Libros". *El Periódico* 19 jun. 2004 <http://www.rosaregas.net>.

"Don Quijote de la Mancha: la búsqueda de la utopía". *El Correo* 2 nov. 2004 <http://www.rosaregas.net>.

"Juguetes de muerte". [Inédito] 2 ene. 2005 <http://www.rosaregas. net>.

"Susan Sontag: el coraje de la voz y la palabra". *El Periódico de Catalunya* 16 ene. 2005 <http://www.rosaregas.net>.

"Escribir viviendo. Escritoras españolas en el siglo XX". [Inédito] 10 feb. 2005 <http://www.rosaregas.net>.

"El valor de la lectura". *El Periódico de Catalunya* 22 abr. 2005 <http://www.rosaregas.net>.

"Polémica". *La Verdad de Murcia / El Correo de Bilbao* 18 nov. 2005 <http://www.rosaregas.net>.

"Robert Fisk". *El Correo* 14 ene. 2006 <http://www.rosaregas.net>.

"Justicia". *El Correo* 28 ene. 2006 <http://www.rosaregas.net>.

"¿Para qué?" *El Correo* 11 feb. 2006 <http://www.rosaregas.net>.

"Carmen Laforet". [Inédito] 27 feb. 2006 <http://www.rosaregas.net>.

"Gigantismo". *El Correo* 4 mar. 2006 <http://www.rosaregas.net>.

"Expolio". *El Correo* 18 mar. 2006 <http://www.rosaregas.net>.

"Fundamentalismo versus laicismo". *El Periódico de Cataluña* 25 mar. 2006 <http://www.rosaregas.net>.

"El botellón". *El Correo* 25 mar. 2006 <http://www.rosaregas.net>.

"Igualdad". *El Correo* 30 mar. 2006 <http://www.rosaregas.net>.

"Siete palabras laicas". *Castillo de El Señor (Euskadi)* [Inédito] 13 abr. 2006 <http://www.rosaregas.net>.

"El futuro". *El Correo de Bilbao / Periódicos Grupo Vocento* 21 may. 2006 <http://www.rosaregas.net>.

"Información". *El Correo de Bilbao / Periódicos Grupo Vocento* 28 may. 2006 <http://www.rosaregas.net>.

"Aroma de vacación". *El Correo / Periódicos del grupo* 11 jun. 2006
<http://www.rosaregas.net>.

"Pequeñas editoriales". *El Correo de Bilbao* 2 jul. 2006 <http://www.
rosaregas.net>.

"Francisco Ayala, cien años de compromiso con la vida". [Inédito] 3 jul.
2006 <http://www.rosaregas.net>.

"El Salvador". [Inédito] 17 sep. 2006 <http://www.rosaregas.net>.

5. Libros de artículos, ensayo y autobiografía

"¿Por qué leer a los clásicos?" *¡Viva la literatura viva!* Coord. Miguel
Munárriz. Oviedo: Ayuntamiento de Oviedo, 1996. 58–69.

"Cine y literatura". *Ajoblanco* 76 (1995): 28–37.

"Dos visiones literarias: del editor y del autor". *Actas del Seminario de
Creación y Teoría Literarias.* Ed. Almudena Martínez, Miguel
Ángel Muro y Rosa Regàs. Logroño: Gobierno de la Rioja, 1995.
188–208.

Canciones de amor y de batalla (1993–1995). Madrid: El País Aguilar,
1995.

"Felices sesenta". *Loewe (1846–1996).* Ed. Néstor Luján, Luis Antonio de
Villena y Soledad Puértolas. Madrid: Loewe, 1995. 133–59.

"Afianzamiento del estilo". *Academia: revista del cine español* 15 (1996):
54–57.

El cuadro del mes. Una revolución personal. Madrid: Thyssen-Bornemisza,
1997.

Desde el mar. Madrid: Alianza Editorial, 1997.

"Mano a mano" y "A toda voz". De *Ángel González en la generación del
50.* Ángel González y Ricardo Labra. Oviedo: Tribuna Ciudadana,
1998. 50–82; 125–26; 141–43; 167–70; 175–78; 220–21.

Roca i Junyent, Miquel y Rosa Regàs. *Los nacionalismos en la España
democrática: reflexiones 1996.* Barcelona: Destino, 1997.

La creación, la fantasía y la vida. Madrid: FAPE, 1998.

Más canciones... (1995–1998). Zaragoza: Prames, 1998.

Sangre de mi sangre. Madrid: Temas de Hoy, 1998.

"Insólitas soluciones". Rosa Regàs, et al. *La voz de los árboles.* Barcelona:
Planeta-Greenpeace, 1999. 137–41.

"El Café Gijón". *El libro del café Gijón*. Comp. José Esteban, Julián Marcos y Mariano Tudela. Madrid: Encarnación Fernández e Hijos, 1999. 245–46.

"Desconcertantes sesenta: 1960–1970". *Retrato de un siglo*. Ed. Luis Carandell. Madrid: Temas de Hoy, 1999. 177–99.

"El paso del tiempo: el aprendizaje de la libertad". *Ser mujer*. Ed. Laura Freixas. Madrid: Temas de Hoy, 2000. 145–66.

"¿Qué democracia?" *Hacia una ideología para el siglo XXI*. Ed. José Alcina Franch y Marisa Calés Bourdet. Madrid: Akal, 2000. 28–32.

El valor de la lectura. Granada: Pregón de la XX Feria Provincial del Libro, 16 may. 2001.

Per un món millor. Badalona: Ara Llibres, 2002.

Un valor constitucional bajo mínimos. Madrid: Letra Internacional, 2003.

Inspiración y compromiso en la escritura de ficción. Jaén: Caja de Granada, 2003.

El valor de la protesta: el compromiso con la vida. Madrid: Icaria, 2004.

Diario de una abuela de verano: el paso del tiempo. Barcelona: Planeta, 2004.

Cómo llegó la morsa a Madrid. Madrid: Caja de Ahorros y Monte de Piedad de Madrid, 2004.

6. Traducciones de Regàs al español

Abbott, Shirley. *Amor, Amoris*. Trad. Rosa Regàs. Barcelona: Grijalbo Mondadori, 2001.

Blackburn, Julia. *El desierto de Daisy Bates*. Trad. Rosa Regàs. Barcelona: Grijalbo, 1999.

Burch, Jennings Michael. *Muñecos prohibidos*. Trad. Rosa Regàs. Barcelona: Círculo de Lectores, 1985.

Coren, Alan. *Arthur el solitario*. Trad. Rosa Regàs. Barcelona: La Gaya Ciencia, 1981 y Madrid: Altea, 1986.

——. *Búfalo Arthur*. Trad. Rosa Regàs. Barcelona: La Gaya Ciencia, 1981.

Conrad, Joseph. *Tifón*. Trad. Rosa Regàs. Barcelona: Granica, 1985 y Barcelona: Grijalbo Mondadori, 2000.

Chejov, Anton Pavlovich. *Los campesinos y otros cuentos.* Trad. Rosa Regàs. Barcelona: Granica, 1985.

London, Jack. *La llamada de la selva.* Trad. Rosa Regàs. Madrid: Muchnik, 2001.

Stevenson, Robert Louis. *El extraño caso del Dr. Jekyll y Mr. Hyde.* Trad. Rosa Regàs. Barcelona: La Gaya Ciencia, 1983, Juan Granica 1983 y 1989, Grijalbo Mondadori, 2000 y Madrid: Sarpe, 1985.

West, Beverly y Nancy K. Peske. *El mundo al revés.* Trad. Rosa Regàs. Barcelona: Ediciones B, 1997.

Winder, Blanche. *Las Leyendas del rey Arthur.* Trad. Rosa Regàs. Barcelona: La Gaya Ciencia, 1983.

Hussaini, Safiya y Raffaele Mastro. *Mi vida: la lucha de una mujer contra la lapidación.* Trad. Rosa Regàs

7. Traducciones de sus obras

Rosa Regàs. *Viaje a la luz del Cham.* Braille. Madrid: ONCE, 1996.

——. *Dove finisce l'azurro.* Trad. Claudio Valentinetti. Milán: Frassinelli, 1996. Trad. de *Azul.*

——. *Azur.* Trad. Carina von Enzenberg y Hartmut Zahn. Frankfurt/Main: S. Fisher Verlag, 1996. Trad. de *Azul.*

——. *Blauw.* Trad. Paul van der Broeck. Bélgica: Nederlandse Vertaling, 1997. Trad. de *Azul.*

——. *Genève. Portrait de une ville par une Méditerranéenne.* Trad. Michèle Stroun-Finger y Véronique Bonvin. Ginebra: Les Editions Metropolis, 1997. Trad. de *Ginebra.*

——, et al. *Barcelona, un día: un llibre de contes de la ciutat.* Trad. Rosa Regàs. Madrid: Santillana, 1998. Trad. de *Barcelona, un día.*

——. *La lune et les ténèbres.* Trad. Claude de Frayssinet. Paris: Grasset & Fasquelle, 2001. Trad. de *Luna lunera.*

——. *La cançó de Dorotea.* Trad. Joseph Pelfort Gregori. Barcelona: Planeta, 2002. Trad. de *La canción de Dorotea.*

——. *Diari d'una àvia d'estiu.* Trad. Rosa Regàs. Barcelona: Planeta, 2004. Trad. de *Diario de una abuela de verano.*

——. *Vent armat.* Trad. Rosa Regàs. Barcelona: Planeta, 2006. Trad. de *Viento armado.*

8. Guiones

El balcón abierto. Dir. Jaime Camino. Madrid: Radiotelevisión Española, 1984.

Dragón Rapide. Dir. Jaime Camino. Madrid: Suevia Films, 1986.

La balada del mundo al revés. Guión de Rosa Regàs. Dir. Manell Huerga. Prot. Daniel Brühl y Tristán Ulloa. Barcelona: Bausan Films y CUF, 1996.

9. Discos compactos y vídeos

Recuperando memoria. Homenaje a los republicanos. Rivas Vaciamadrid, Madrid. Concierto 25 jun. 2004.

Lo que el viento se llevó. Presentación de Rosa Regàs. Dir. Víctor Fleming. Turner Entertainment, 2000.

Pasión y riesgo en las vocaciones ocultas. Oviedo: Universidad de Oviedo, 2002.

La vida de Brian. Presentación de Rosa Regàs. Barcelona: Manga Films, 2004.

Abuela de verano. Barcelona: Rodar y Rodar, 2005.

Índice onomástico

Enrique Ávila López

Se licenció por la Universidad de Granada. en filología hispánica. Sin embargo, vivió en Inglaterra durante más de diez años. En la University of Liverpool fue estudiante Erasmus. En dicha universidad hizo luego un Master en estudios hispanoamericanos y también recibió una beca de la Unión Europea para realizar un curso en la administración pública. Más tarde desarrolló su doctorado en la University of Durham, una de las diez mejores universidades del Reino Unido. Allí vivió en Trevelyan College durante cinco años. En la actualidad reside en Canadá y es profesor en Mount Royal College, Calgary.

Llevará siempre consigo este primer premio de crítica otorgado por la Asociación Internacional de Literatura y Cultura Femenina Hispánica (AILCFH) por dos razones fundamentales. Primero porque fue la primera vez que viajó a los EEUU y, segundo, por haber sido elegido por una asociación feminista. Desde Canadá aprovecha para agradecer a todo el equipo de edición formado por las catedráticas Cynthia Tompkins, Carmen de Urioste, Adelaida Martínez y Lou Charnon-Deutsch, quienes lo han tratado "entre algodones" durante todo el proceso de publicación.

gift

WITHDRAWN